范德比尔特传

郭光远◎著

时代文艺出版社

图书在版编目（CIP）数据

范德比尔特传/郭光远著.—长春：时代文艺出版社，2012.10（2023.7重印）
（世界商业名人传记丛书）
ISBN 978-7-5387-3240-5

Ⅰ.①范… Ⅱ.①郭… Ⅲ.①范德比尔特，C.（1794~1877）－传记 Ⅳ.①K837.125.38

中国版本图书馆CIP数据核字（2012）第192255号

出 品 人　陈　琛
责任编辑　余嘉莹
装帧设计　孙　利
排版制作　隋淑凤

本书著作权、版式和装帧设计受国际版权公约和中华人民共和国著作权法保护
本书所有文字、图片和示意图等专有使用权为时代文艺出版社所有
未事先获得时代文艺出版社许可
本书的任何部分不得以图表、电子、影印、缩拍、录音和其他任何手段
进行复制和转载，违者必究

范德比尔特传

郭光远 著

出版发行/时代文艺出版社
地址/长春市福祉大路5788号　龙腾国际大厦A座15层　邮编/130118
总编办　0431-81629751　发行部　0431-81629755
官方微博/weibo.com/tlapress　天猫旗舰店/sdwycbsgf.tmall.com
印刷/北京市一鑫印务有限公司
开本/710mm×1000mm　1/16　字数/145千字　印张/12
版次/2013年1月第1版　印次/2023年7月第3次印刷　定价/36.00元

图书如有印装错误　请寄回印厂调换

目录

序言　傲立于沙漠之中的雄狮 / 001

第一章　范德比尔特的家族史
1. 先辈的奋斗 / 002
2. "船长"的少年时代 / 009
3. 战争带来的机遇 / 014

第二章　冷漠的工作狂
1. 船长的婚姻 / 020
2. 蒸汽机轮船 / 024
3. 垄断与反垄断 / 028

第三章　海上罗宾汉
1. 与吉本斯合作 / 036
2. 智勇双全 / 041
3. 自由竞争时代的来临 / 047

第四章　从奴才到主人
1. 选择离开 / 052
2. 哈德逊河上的博弈 / 058
3. 船运巨头 / 069

第五章　投资新航线
　　1．铁路兴起 ／ 076
　　2．这样一个父亲 ／ 081
　　3．淘金热与尼加拉瓜 ／ 090

第六章　新对手出现了
　　1．欧洲旅行 ／ 104
　　2．摩根和加里森 ／ 108
　　3．大西洋航运 ／ 122

第七章　把铁路线握在手心里
　　1．与日俱增的兴趣 ／ 130
　　2．空前激烈的股票大战 ／ 137
　　3．中央铁路 ／ 145

第八章　范德比尔特的晚年生活
　　1．纪念碑 ／ 156
　　2．范德比尔特大学 ／ 161
　　3．最后的时光 ／ 165

附　录
　　范德比尔特生平 ／ 172
　　范德比尔特年表 ／ 177

序言

傲立于沙漠之中的雄狮

《福布斯》杂志曾经评出迄今为止的美国15位大富豪，因为所处的年代不同，评判标准是依据其个人资产在当时美国GDP中所占的比重。石油大王约翰·洛克菲勒荣登榜首，他的个人资产占当时美国GDP的1／65，这个比例放到现在，可以折合3000多亿美金。人们所熟知的微软总裁比尔·盖茨，总资产500多亿美金，按所占GDP的比重，比尔·盖茨只排在了第十三位。

排在第三位的就是本书的主人公"铁路大亨"科尼利尔斯·范德比尔特，他去世的时候留下了1.05亿美元的资产，占当时美国GDP的1／87，以这个比例在今天换算，总价值将达到1684亿美金，可见，范德比尔特是比比尔·盖茨更有钱的人。如今，一百多年过去了，可供人们凭吊这位铁路大亨的遗迹仍然存在，如他曾经掌握的铁路网，纽约中央火车站以及车站外矗立的他的铜像，还有他捐款助建的范德比尔特大学。

和洛克菲勒家族一样，范德比尔特家族也是美国渊源很深的大家族，17世纪的时候，该家族从荷兰移民到北美洲，在这片广袤而富饶的土地上开始了新生活。1794年5月27日，科尼利尔斯·范德比尔特出生于纽约史坦顿岛上，家里的房子距离海滩只有六十多米，纽约湾的风光尽收眼底。那时候，在港口上往来不息的还是各式各样的木帆船，但是，这样的繁忙运输景象对童年的范德比尔特是影响巨大的。

长大后的范德比尔特先是经营帆船，接着是蒸汽船，一直到晚年成为铁路大亨，他所从事的都是货运和客运业务，他把毕生的精力都奉献在他热爱的这个事业上。1810年，16岁的范德比尔特从母亲那里借了100美元，买了一艘自己中意好久的小帆驳船，开始在纽约湾里从事摆渡业务，这便是范氏商业帝国的最初开端。

从18世纪末到19世纪20年代，美国基本上属于农耕经济时代，不合理的制度带来的局限性非常明显，同时也严重阻碍了社会经济的发展。以纽约州为例，早在1799年，纽约州就颁布法律，要求逐步解放本州内所有黑奴，给他们以自由。这项政策的执行一直延续了28年的时间，直到1827年中旬，奴隶制度才在纽约州内彻底废除。同时，纽约州的大部分地方还是乡村，经济形式还是农场种植业。

虽然后来纽约发展成商业金融中心，但在范德比尔特成长的时代，纽约地区更像是一片充满潜力的处女地，是挖掘第一桶金的理想居住地，这无疑给了范德比尔特施展能力的舞台。另外，从美国的经济数据来看，范德比尔特的发家史与美国的经济发展是同步进行的。范德比尔特出生的那一年，美国的GDP只有3亿多美元，人均只有70美元左右，而到了范德比尔特去世那一年，美国的GDP已经达到82亿多美金。

范德比尔特的事业与美国的社会发展密不可分，几乎一直是紧跟着时代大潮而走，而具体的商业策略则根据各种变化而做出调整。木帆船航运时代，范德比尔特致力于经营自己的帆船，第二次英美战争时，他承运纽约州的士兵和战备物资，收益甚丰。蒸汽机轮船兴起后，范德比尔特迅速将自己的帆船队出手，去做蒸汽轮船的船长，从普通的雇员发展到拥有自己的蒸汽机船队。

随着西进运动与淘金热的兴起，范德比尔特再次抓住时机，花了大量的人力物力开通尼加拉瓜航线，至此，他的航运业务主要以国际航运为主。从1864年开始，虽然航运业务总体上还是很赚钱，但是范德比尔特却在有步骤的缩减自己的船运业务，因为他已经洞察到，一个人不可能将河流或者海洋垄断，但是却可以把铁路线握在自己的手里，还能够得到政府的扶持。

几乎就在同时，华尔街开始了空前激烈的股票囤积战，范德比尔特连战连捷，除了获得巨大利润，他也将哈林铁路和哈德逊铁路收入自己的囊中。1867年11月，范德比尔特又接管了纽约中央铁路，三条铁路连成一体，共同撑起了范德比尔特"铁路大亨"的名号。除此之外，密歇根中央铁路、湖滨铁路、加拿大南方铁路也先后被铁路大亨握在手心里。

1868年，范德比尔特试图再次以股票逼空的手段夺取伊利铁路，但是这一次，他遇到了前所未遇的对手，对方是号称"三驾马车"的杰伊·古尔德、吉姆·菲斯克、丹尼尔·德鲁，由于范德比尔特的过于自信和对方的阴险手段，范德比尔特不仅没有拿到伊利铁路的控制权，还白白损失了将近700万美金。但是，这并没有削减范德比尔特在之前股票大战中的成就和威名，那样的辉煌几乎是不可复制的。

范德比尔特从来没有把股票当做事业，他买卖铁路股票只是手段，目的是扩展铁路王国。他也不觉得自己是属于华尔街的，但是，他却对华尔街有着巨大的影响力，在华尔街金融人士的心目中也有很高的位置。1869年，《弗雷泽杂志》这样报道："相比于其他的华尔街人，范德比尔特更像一只雄狮，以卓越不凡的气质傲立于猛兽遍布的沙漠中。"

至于在生活作风方面，范德比尔特是最为人们所不齿的，他对结发妻子冷酷无情，喜欢与妓女厮混，趣味庸俗，以文化程度低微而自豪，言谈举止十分粗鲁，对慈善公益活动毫无兴趣，有人评价说范德比尔特只是一架典型的高效率赚钱机器。

但是不管怎么样，范德比尔特的铁路网极大地改变了美国的地理面貌，将美国内地、五大湖地区以及大西洋沿岸连成一片，绵延七百多英里，同时也影响了当时美国的金融状况。另外，范德比尔特也是在美国萨拉托加地区首先铺设铁轨的人，对于这些伟大的创造，是值得后人关注和铭记的。本书就以此为出发点，力图向读者还原一个充满传奇色彩而又真实的范德比尔特。

第一章 范德比尔特的家族史

1. 先辈的奋斗

1873年，大文学家马克·吐温出版了长篇小说《镀金时代》，人们开始用"镀金时代"这个词形容19世纪末、20世纪初美国的资本主义发展历史。在这个年代里，利尼科尔斯·范德比尔特是大富豪的代表性人物，也可以说是比现在的比尔·盖茨还要富有的人，他是著名的铁路、船运、金融业巨头，被誉为铁路大亨。不过，人们更习惯叫他"船长"，因为他经营蒸汽轮船的年头比他经营铁路的时间要长得多，同时代的人包括主要报纸都这样称呼他。

范德比尔特家族的渊源可以追溯到很远，其先祖生活在荷兰，自哥伦布发现新大陆后，欧洲各国掀起移民狂潮，一个叫简·阿尔岑·范德比尔特的人带着家人离开故土，移民到了北美洲。关于移民的具体原因，已经无从查考，不过我们还是可以从时代背景中找到一些联系。另外，这些移民走到哪里都会保留宗教信仰，新生婴儿更是要在教堂里接受洗礼。所以从保留下来的洗礼记录中，人们可以很清楚地知道某个家族到底在哪个地方落脚、繁衍生息。

16世纪中期，郁金香这种花卉被引进欧洲。荷兰以适宜的气候和土壤，成为郁金香种植最盛行的国度。直到今天，郁金香也是荷兰的国花。到了17世纪初期，荷兰人培育出了郁金香的新品种，这种高贵典雅的花卉吸引了欧洲上流社会的达官贵人，他们在衣服上插一枝郁金香，以显示自己的身份和地位。

在这种风气下，郁金香的价格节节攀升，最后高到离谱的程度。人们开始出重金购买珍品，期望能获得更大的升值，普通阶层的人们更是不惜变卖房产和地产。这是人类历史上有记载的最早的投机活动。所有的金融泡沫都会有崩溃的那一天，郁金香的价格开始狂跌，数不清的荷兰人在这场"郁金香泡沫"中倾家荡产。范德比尔特家族很有可能是被卷入其中，失去了大部分家产，为寻找出路而移民美洲。

另外，同时期的"三十年战争"和肆虐欧洲的黑死病（鼠疫）与范德比尔特家族离开故土也有很大关系。来到北美洲之后，简·阿尔岑·范德比尔特和家人生活在新阿姆斯特丹，他的妻子名叫蒂尔布·科奈科丝，他们有四个孩子，名字分别是阿里斯、杰雷迪耶、亚格布、马拉迪耶。

关于新阿姆斯特丹，有必要介绍一下这个城市的传奇故事。1602年，荷兰政府派遣英国国籍的探险家亨利·哈德逊（纽约的哈德逊河即是以他的名字命名）前往北美洲，寻找适于移民居住的土地。1609年，游荡了几年的亨利不经意间来到了纽约湾。回到荷兰后他报告了当地的情况，还展示了带回来的特产和毛皮。1624年，一艘名叫"新尼德兰号"的船把一批荷兰人运送到这片流域，他们在这里开辟出一片土地，这就是新尼德兰殖民区。

1626年，荷兰殖民者以大约价值六十荷兰盾的布料和饰品，从当地印第安人手中买下了曼哈顿岛，命名为新阿姆斯特丹（荷兰的首都是阿姆斯特丹，以此命名），作为新尼德兰殖民区的行政中心。1651年，英国和荷兰为争夺海上霸权和殖民地爆发战争，史称"英荷战争"。1657年，荷兰殖民地总督彼得·施托伊扶桑特担心英国人进攻这里，在新阿姆斯特丹北部修建了一道防御城墙。

1664年，英国人开始攻打这里，他们没有从北面发动陆战，而是派遣一支舰队从南面驶进海湾，炮火可以覆盖全城。荷兰殖民者自知不敌，升起白旗投降，并将此地割让给英国。当时正巧是英国国王查理二世的弟弟约克公爵的生日，于是便将新阿姆斯特丹改名为"新约克郡"，即纽约（New York的音译）。

1698年，那道荷兰人修建的防御城墙被拆毁，改建成街，人们叫它"墙街"，英文是"Wall Street"，直接音译就是"华尔街"，这个大名鼎鼎的名字一直沿用至今。华尔街也将是本书主人公"船长"范德比尔特的一个重要人生舞台，他曾在这个金融中心两次围歼了熊市投机商，取得了"前无古人，后无来者"的荣耀地位。

英国人入驻的三年后，即1667年，简·阿尔岑·范德比尔特在纽约布鲁克林区的弗莱特布什镇，买了一个不大不小的农场。1685年，简的儿子阿里斯和其他一些居民获得了英国殖民地当局颁发的土地所有证。允许财产私有促进了资本商业的发展，弗莱特布什这个小镇开始繁荣振兴。已经年迈的简没有和长子阿里斯住在一起，他和妻子科奈科丝迁居到了新泽西州的一个农场，在那里度过了自己的晚年时光。1705年，简病逝在那里。

在17世纪80年代，阿里斯的主要活动是在弗莱特布什镇从事农场土地的投资。和不远万里来到美洲的大部分欧洲移民一样，阿里斯的早期生活十分清苦，虽然他的财富处在不断积累的过程中，但因此背负的债务和巨大的精神压力也在同步增长。到了这个年代的末期，弗莱特布什这个小镇可交易的土地越来越少，阿里斯把目光投向了别的地区。

纽约布鲁克林区与史坦顿岛之间是风景壮丽的纳罗斯海峡，也可以称为纽约湾海峡，是上纽约湾和下纽约湾的连接处。它非常狭窄，每天有一个平潮期。平潮即是在潮汐过程中，海水的高度上涨到极限时，保持既不涨也不落的短暂现象。在这个时段内，从布鲁克林乘船去史坦顿岛是很方便的，但这个方便的时段十分有限，而在其他时段里，海水汹涌激荡十分危险。

当时还没有出现蒸汽轮船，普通的帆船在这里行驶又很不好把握，正是因为出行方面的考虑，很少有人愿意搬到史坦顿岛居住，而那里的居民也一直不多，土地价钱相对较低。但是如果从长远考虑，在这里投资还是很划算的。阿里斯在史坦顿岛购买了一块面积为31.6公顷的土地，他没有马上开发这块地。阿里斯和妻子共生育了10个孩子，排行第七的是雅各布·范德比尔特（他就是本书主人公"船长"的曾祖父）。

1705年，父亲简·阿尔岑病逝后，阿里斯便和妻子去新泽西州的那个农场居住，又把拥有的财产分给了10个子女。雅各布特别中意史坦顿岛的那块地，但父亲阿里斯要求他付300英镑（当时还是英国殖民地时期，所以用英镑进行交易）才能把地给他，雅各布一下子拿不出这么多钱，便说服父亲同意这笔钱可以用分期支付的方式来偿还。

1715年，23岁的雅各布迎娶了一个名叫奈儿蒂耶·德妮丝的姑娘。没过多长时间，父亲阿里斯在新泽西农场病逝，随后，母亲也去世了。雅各布答应付出的300英镑还有绝大部分没还，自然也就成了无头账了。可以想象，在一个天气晴好的早晨，雅各布和妻子带上所有家当，利用短暂的平潮期乘船跨过海峡，登上了史坦顿岛，开始了崭新的生活。

雅各布继承的这块土地共分为三部分。覆盖着森林的丘陵有24.3公顷，后来被用作家族墓地。有4公顷位于史坦顿岛的南岸，许多河流在这里流入大海。其余的3.3公顷是一片近海的沼泽湿地，这里的水草生长得高大茂盛，为冬季的牲畜饲养提供了丰富的养料。这是一片自然资源丰富而又充满原始风味的土地。

早期的岛上居民主要以养殖牡蛎和经营渔业为生，后来，开荒农耕渐渐兴起，移民们运用生产生活的经验在这里构筑新的生活。这里呈现的是男耕女织、自给自足的村落状态，人们从海边收集大量贝壳，经过焚烧变成石灰，作为建筑用料。住房都是用砍伐的树木搭建的木棚，粗糙、原始。储粮的仓房建造得矮小而宽阔。女人们经常做的工作是纺织，一般家里都置有两架纺车，纺亚麻和羊毛，此外，她们还负责喂养圈里的猪。

耕地的面积多起来以后，一些相对富庶的家庭会购买黑奴作为劳动力，但家里的男人们也会和黑奴一起劳动，相对于种族和社会地位等问题，这些移民家庭更关心的是怎么省钱。在当时的北美，买卖黑奴是很平常的事，这也为许多年后的解放黑奴运动和南北战争埋下了伏笔。

雅各布和奈儿蒂耶盖起木房，利用简单的工具垦荒，开始种植农作物。他们的生活和那些邻居一模一样，而且慢慢地富裕起来。1723年初，雅各布的第四个儿子降生了，名字也叫雅各布，为了与其父亲区别开来，人们称之为雅各布二世（"船长"的祖父）。

1760年，68岁的雅各布去世了，在他临终前立下的遗嘱里，关于新购买的地产和拥有的几个黑奴都进行了分配。可以看出，他的家庭经济已经相当有起色了。雅各布二世成婚非常早，在17岁时，他迎娶了玛丽·丝普莱格。玛丽不是荷兰人血统，而是英国人后裔，与外族人通婚在范德比尔特家族尚属首次。

1764年，雅各布二世最小的儿子康内留斯出生了，他就是"船长"的父亲。康内留斯可以说是命途多舛，在他4岁的时候，父亲雅各布二世和母亲玛丽都已经不在人世了。他的姐姐哥哥已经成家立业，都有义务把康内留斯接到自己的家中，但他们没人愿意。后来，范德比尔特家族的一个叔叔收养了康内留斯，他并不是从心里怜悯这个孤儿，而是把他看成一个廉价的劳动力。

英国从17世纪初开始在北美洲大西洋沿岸，建立殖民地据点，经过了一个多世纪的经营，英国在这里建成的大型殖民地达到13个，每一个殖民地都设有英国政府任命的总督。殖民地的主要经济形式是种植园经济，另外，矿业和纺织业也很发达。至于生活的人口，除了英国本土的移民，还有欧洲各国的移民、从非洲拐卖来的黑人以及世代居住在这里的印第安人。为了扩大财政收入，英国殖民地当局在税收上巧立各种名目，进行层层的剥削和榨取。

1765年，一条新税法《印花税法》被颁布出来，并规定一切报纸、广告、杂志必须加贴印花税票才可流通，一切公文、单据、合同、契约、遗嘱、执照必须加贴印花税票方能具有法律效用。这种无孔不入的卑劣行径点燃了殖民地人民的反抗怒火，此后，各种反英社团组织如雨后春笋般涌现出来，英国殖民地当局急派军队赶赴各地镇压民变。1770年3月，英军士兵向手无寸铁的居民开枪射击，制造了十多人死伤的"波士顿惨案"。

1773年，英国政府为了垄断北美洲的茶叶贸易，颁布了《茶税法》，规定英国的东印度公司在北美洲享有茶叶专卖特权，这一政策激起了殖民地人民的强烈反抗。当年12月末，一些激进人士潜入停泊的英国运茶商船，把几百箱茶叶倒进大海，这就是著名的"波士顿倾茶事件"。1775年4月，北美民兵与英军在来克星顿首次交火，美国独立战争全面拉开序幕。同年6月，北美民兵组建为大陆军，乔治·华盛顿任大陆军总司令。

在时代大背景下，史坦顿岛上的居民虽然感受到了革命的浓烈气息，但他们的生活却有条不紊，很多人对英国保守党心存好感，并且，该地区几乎一直为英军所控制。大陆军总司令华盛顿甚至认为史坦顿岛上居住的都是冥顽不灵的敌人。这其中最冷漠的要数那些荷兰籍的移民，以范德比尔特家族为代表，他们对自由民主的政治变革没有兴趣，相比之下，衣食住行才是他们关心的头等大事。

范德比尔特家族的观念是可以理解的，先辈虽然留下了十分可观的土地财产，但子女众多，每个人分到手的财产十分有限，支持正常的家庭开销也很勉强。在别人眼中，他们整天弯着脊背辛勤耕耘，沾满泥土的衣服鞋子使他们看起来如同苦力一样落魄。这也很好地解释了康内留斯的姐姐哥哥为什么不愿意收留这个男孩，一方面是对亲情的漠视，另一方面是自身的经济条件十分窘迫。

或许是为了增加收入，收养康内留斯的叔叔开了一家旅馆，这家旅馆在很长一段时间里成了一位英国将军的指挥部。康内留斯每天要搬运行李，打扫卫生，侍候饭菜，虽然他已经到了读书识字的年龄，可那位叔叔却从没有打算让康内留斯接受文化教育。对他来说，这是一次绝妙的赚钱机会，因为那位英国将军十分慷慨大方。

康内留斯从小被人收养，父亲去世后留下的财产被哥哥姐姐们瓜分殆尽，长期的打骂使他的性格有些扭曲。他总是阴郁地面对一切，不大喜欢与人交往，因为没有文化，他的言语举止十分粗俗。苦难和命运在他身上留下了太多的痕迹，所幸的是，后来的婚姻生活给予了他很大的补偿和慰藉。

1776年7月4日，在费城召开的大陆会议正式通过了《独立宣言》，宣告了美利坚合众国的诞生。1777年10月，美军取得了萨拉托加大捷，这场战役是美国独立战争的转折点，胜利的曙光已经闪现。1780年，已经算是美国公民的康内留斯离开了范德比尔特家族世代居住的地方，独自去里士满港口做水手。

此时，康内留斯刚好16岁，虽然一个大字不识，却也无所畏惧，因为他根本就没有什么东西可以失去。康内留斯在一艘驳船上做水手，这种驳船主要以帆为动力，如果遇到较浅的河流，他就得和另一个水手一同划桨。这艘驳船主要往返于纽约曼哈顿和里士满港，不断地承运货物，可以说，这样的航行过程是十分单调和无聊的，也不需要什么技术，只要有足够的体力和良好的视力就行了。

工作了几年后，康内留斯用积攒的钱买了一艘属于自己的帆船，他打算以此谋生。1787年，康内留斯认识了一个英国裔的姑娘菲碧·汉德。菲碧正在里士满给一个修女做家庭佣人，她受过良好的教育，擅长理财和治家。在感情方面，她相信一见钟情，也正因为这个原因，她嫁给了有些木讷的康内留斯。婚后，夫妻俩租了一间房子住，直到四年后，菲碧得到了一些遗产，才在里士满购买了一处房子。

这笔遗产也很有渊源，汉德家族对美国独立战争十分拥护，曾将绝大部分财产购买债券，支持革命。但美国刚建国时财政混乱不堪，对债权人的报酬迟迟没有到位。1789年，开国元勋之一的亚历山大·汉米尔顿担任财政部长，短时间内改革了国家的金融体系，平衡了财政收支。这样，汉德家族获得了数目可观的回报，菲碧也分到了应得的那一部分。

2. "船长"的少年时代

康内留斯驾驶他的帆船为商家运货，挣一点钱贴补家里，虽然他还有几亩地，却只种了些谷物蔬菜，大部分都是家人吃用，极少拿到集市上出售。这样的生活态度与康内留斯的生长环境有直接联系，他吃过了太多的苦，一旦把温饱问题解决后，便没有什么雄心壮志。他也没什么爱好，偶尔喝一点酒，再就是骑马散步。

他们在里士满生活了一年后，因为家里的孩子越来越多，康内留斯把这里的房子和土地卖掉，只保留了一块不到半公顷的布满石块的荒地。他在史坦顿岛的东北海岸，买了一座比较宽敞的房子。这样，康内留斯全家又回到了祖先居住的地方。1794年5月27日，"船长"科尼利尔斯·范德比尔特出生了。这所房子距海滩只有六十多米，站在庭院中，可以眺望纽约湾海峡和长岛的美丽风光。

港口上来往的船舶络绎不绝，这种繁荣的运输景象对童年的"船长"影响巨大。许多年后，他起步时期的帆船，发展时期的蒸汽机轮船，鼎盛时期的铁路投资，归根结底，不外乎是货物运输和客运服务，这是值得玩味的。或许，那种运输可以带来巨大财富的启示早已在他的心里扎根了。范德比尔特从小精力旺盛，酷爱竞技类的运动，在他中晚年的时候，他酷爱轻驾马车比赛。

1800年一个晴朗的日子里，范德比尔特参加一个在海滩举行的骑马比赛。他的竞争对手是一个邻居家的黑人孩子，范德比尔特求胜心切，不断鞭打马匹，结果马蹄陷在泥沙之中，差点把他甩出去。1875年（范德比尔特去世前两年），那个黑人小孩已经是一位牧师了，他特意拜访了昔日的玩伴。老迈而冷酷的范德比尔特竟然认出了他，挽留他吃午饭，佣人们对他与一个黑人一起吃饭感到惊讶不已。实际上，在"船长"的一生中，他的种族观念都十分淡漠。

1804年7月11日，在距离史坦顿岛不远的地方，那位给范德比尔特家庭带来好运的金融专家亚历山大·汉米尔顿与政敌阿伦·波尔拔枪决斗。两个人决斗的原因是党派矛盾带来的个人恩怨，1801年总统选举时，联邦党人推举波尔为总统候选人，希望打败竞争对手民主共和党人托马斯·杰斐逊，汉米尔顿也是联邦党人，但后来出于国家前途的考虑，他站到了杰斐逊阵营。

随后，在参议院举行的几十次无记名投票中，波尔和杰斐逊的得票率一直处于僵持状态。汉米尔顿站了出来，说服许多联邦党人以国家利益为重，促使这些人在后来的投票中都投了空白票，杰斐逊当选为美国第三任总统。从这时起，波尔就对汉米尔顿怀恨在心。美国总统任期为四年，到了1804年，为第二年大选的准备工作又开始了，这一次波尔没能进入总统候选人名单。碰巧的是，此时一些联邦党人正在策划脱离联邦政府，组织北方邦联。

失落的波尔迅速和这些人搅在一起，他们决定帮助波尔先当上纽约州的州长，以后再推举他为北方邦联总统。汉米尔顿是不允许任何势力危害国家利益的，于是他一边揭露波尔的卑劣行径，一边尽全力在投票中挫败波尔的图谋。波尔彻底地愤怒了，于是向汉米尔顿下决斗书。决斗中，汉米尔顿因为基督教信仰而故意射偏子弹，波尔却毫不手软，一枪击中了汉米尔顿的胸部。第二天，汉米尔顿伤重身亡，年仅49岁。

1805年，范德比尔特11岁了，他的哥哥不幸去世，他成了家里的长子。为了帮助父亲跑船运，减轻家里的负担，范德比尔特辍学了。虽然辍学有客观原因，但他主观上从来就不喜欢读书，如果说父亲康内留斯是个彻底的文盲，那"船长"本人也算是个半文盲。

他了解一点《圣经》，这点可怜的教育还要归功于母亲菲碧·汉德，她经常教孩子们唱圣歌，领他们查经（深入了解经文原意，用来作为生活准则）。虽然受过宗教熏陶，但他一生都以效益和金钱为信仰，以把竞争对手搞垮为最大乐趣，除此之外，什么都没有。如果哪天有人看见范德比尔特在教堂做礼拜，在虔诚地忏悔，那么人们一定会怀疑自己没睡醒。

范德比尔特开始在他父亲的驳船上做水手。下纽约湾有一处凶险的海滩——桑迪海滩，许多船舶在这里出事，或沉没，或搁浅。当时的法律规定，打捞出来的货物归参加救援的人所有。这样，一旦听闻桑迪海滩有事故发生，便有许多人驾船前去清理，虽然很危险，但受利益的驱使也就顾不得那么多了。一开始，许多前去救援的小型船只因为靠得太近，自己也搁浅在那里无法动弹。

康内留斯和儿子也把救援当做了第二产业，因为自家的船小，他们便想出了一个折中的办法。康内留斯把船停在一个安全的海岸边，范德比尔特就驾驶马车从陆路到达桑迪海滩，很辛苦地把搁浅船上的货物装上马车，送到父亲等待的地点。康内留斯驾着船满载而归，而范德比尔特还要驾着马车折返回家。很多人会奇怪，年少的范德比尔特怎么会有成年人一样的体魄，但事实就是这样。在划船的技术和力气上，他一点也不比父亲逊色。

母亲菲碧在家里开垦了几块地，种上各种蔬菜，不仅自用，还把吃不了的拿去卖。家里的孩子包括范德比尔特都帮助母亲，唯有康内留斯不闻不问，因为他对农业种植毫无兴趣，他只喜欢摆弄那艘多年前买到的小船。或许康内留斯最明智的举措就是让妻子菲碧管理家务，家族里的人都这样觉得，胸无大志的康内留斯之所以能过上不错的日子，完全归功于菲碧这位贤惠的妻子。

自1783年9月英国承认美国独立后，一直耿耿于怀，不甘心失败，从政治、军事和经济各方面向美国施压。1799年，以英国为首的反法同盟与法国拿破仑集团开始了长达16年的战争。在战争期间，英国为了得到物资补充和有经验的水手，在公海上随心所欲地劫掠美国商船，强征船上的水手用以补充兵员。据统计数据，英国总共劫持了美国的6000艘商船和数以万计的水手。同时，法国也出于同样的目的，骚扰和抢劫美国货船。

1807年6月，发生了英国军舰炮击美国军舰的事件。因为不想被卷入战争，杰斐逊总统（1805年选举中获得连任）在1807年12月颁布了《禁运法案》，不允许外国船只在美国港口卸货或停留，所有的本国商船也不得前往外国港口。美国政府希望借此打击英法两国的贸易经济，迫使它们同意并保证美国商船在海上的航行自由权和中立权。在这个政策下，纽约湾各港口的繁荣景象消失了，在桑迪海滩搁浅的船只也寥寥无几。

康内留斯和儿子范德比尔特除了承运近距离的本地区货运，还为出行的人们做一些客运服务，赚点小钱。相对于已经失业的码头工人，这对父子还算是幸福的。美国政府的预期效果并没有达到，欧洲的经济没有因美国的禁运而衰落，反倒是美国自身，由于失去了巨额的关税收入而变得萧条。反对禁运的呼声越来越高，杰斐逊总统不得不在1809年重新签署法令，将禁运的条款放宽，纽约湾的港口重新热闹起来。

1810年转眼之间就到了，范德比尔特已经16岁了。他厌倦了给父亲打工的日子，想拥有自己的事业，而且他的心智也足够成熟了。范德比尔特虽然不爱读书，却很爱琢磨，在这段时间，他悟出了两个道理：偶然性可以使任何情况发生突变；任何事情都没有绝对的结局，都是可以改变的。他悟出的这两个道理也反映了他的人生观，即每个人在自己的一生中是可以有所作为的，只要去做就行。这样，他的心里萌生了开公司的想法。

但是，当时的商业法规规定，未满21岁不允许申请开办公司，自己还要等5年的漫长时间。继续在父亲的小船上做水手，这让他感到头疼，他觉得自己无法再忍耐5年这样的光景。既然公司暂时办不了，买一艘自己的船单干也不错，因为手头没有钱，范德比尔特想出了一个类似苦肉计的办法。他对父母说，自己已经成人，可以独立生活了，他想去远洋商船上做工，可以去外国见见世面，而且禁运法案修改后，这样的工作也很容易找到。

母亲菲碧不同意他这样做，因为欧洲的拿破仑战争还没有结束,到处战火连天、血肉横飞,一个16岁的孩子远离故国去那里,极可能遭遇生命危险。父亲康内留斯清楚儿子的能力比自己要强,如果儿子离家出走,那么自己的压力和负担会增大,所以他也反对范德比尔特的这个想法。

范德比尔特预想的状况达到了,他对父母说,如果可以借给他100美元,他就能买到自己的船,在本地发展或许比长途跋涉要好一些。他还发誓这100美元他一定会如数奉还,而且赚到的钱他也会慷慨地拿出来补贴家用。母亲菲碧一直惦记着位于里士满的那块不到半公顷的荒地,她让儿子去把那块地翻好,并种上玉米,如果做得出色,就答应他的要求。范德比尔特痛快地答应了,虽然那是一块乱石杂陈、令人头疼的地。

此时正是早春时节,范德比尔特花了大半个月的时间,终于把土地清理完毕,并且种好了玉米。母亲按照约定把钱给了他,范德比尔特终于拥有了自己的船。这是一艘帆驳船,在此之前,他已经在里士满港物色好了购买的对象。5月一个阳光灿烂的早晨,范德比尔特登船扬帆,当他把手扶在船舵上时,油然而生的愉悦感在心中荡漾。老年的范德比尔特对此记忆犹新,他说:"我获得数百万美金利润时的心情也比不上那个时刻更美妙。"

3. 战争带来的机遇

史坦顿岛上缺乏与生活息息相关的商业服务,比如鞋店、裁缝店、皮革店、律师事务所,最重要的是私人医生和诊所,所以,岛上的居民习惯乘船去纽约曼哈顿寻求服务和帮助。范德比尔特就做起了摆渡人，有时岛上的农业产品和手工艺品也搭乘他的船运到城里。总之，只要能赚钱，他都不会错过，不把自己局限于某一业务。但从相关资料可以看出，他还是更愿意运送货物，因为运送乘客时，经常有人抱怨座位不舒服，这让他十分反感。

范德比尔特在人际交往的礼节上是欠缺的，他总是傲慢粗鲁地对待搭船的乘客，他不在乎人们是喜欢他还是讨厌他，他也从不想把自己改变成一个受人爱戴的绅士。范德比尔特的目的性是极强的，既然自己从事的是船运业务，那么首先要关心的就是船运的时间和速度，以及每一天得到最大的利润。这种以自我和自我利益为中心的性格贯穿了他的一生。

另外，范德比尔特还有一个特点，他特别讨厌有人打断他的谈话。如果有人那么做了，他会冷漠地坐在那里，一言不发，直接造成冷场。无论人们怎样质疑他的作风，有一点是必须承认的，即范德比尔特是一个吃苦耐劳、充满勇气和魄力的生意人。

相比于成群结队的狼，他更像是一只特立独行的狮子。如果有哪个竞争对手想和他抢生意，他就降低运费，不奏效的话，他会继续降低直至把利润都搭进去，让对方彻底屈服。所以，人们总是能看见范德比尔特的船满载而去、满载而归。不论在严寒的冬季，还是在酷热的夏季，范德比尔特都照常工作，他要让利润的雪球不断向前滚动。有时，大雨席卷海面，同行的船大都停在港里暂时休憩，唯有范德比尔特起锚扬帆，在一片惊讶的目光中径直驶去。

欧洲的战事还没有结束，美英两国之间也是摩擦不断，英国军舰时不时地在纽约湾外招摇过市。而且当时的美国西部地区和整个加拿大还在英国的掌控之下，美国仍然处在被包围的态势中，对局势敏感的人士可以感觉到，战争还会在这里打响，只是时间早晚的问题。纽约市的领导阶层和社会名流在1807年就开始筹划打造纽约的防御体系，这个浩大的工程历时4年，在1810年秋天，范德比尔特和他的船加入了这个工程的收尾阶段。

因为市政府提供的报酬十分诱人，范德比尔特干得很卖力。他驾船把沙土、砖块等各种建筑材料运到指定的地点，同时也承运工程兵和建筑工人。1811年，纽约湾地区一共建好了4个坚固的大型碉堡，相互之间可以形成严密的交叉火力网。如果有敌方舰船驶进纽约湾，马上就会变成水面上移动的活靶子。事实证明，此后英军对这里的进攻企图一次也没有得逞。

许多成功人士从青年时代起就有明确的理想目标，范德比尔特却不是这样，他从未想过理想这个词的意义。可以这样说，他觉得人生就是弱肉强食，如果想拥有某样东西，不仅要努力奋斗，还要有把竞争者打倒在地的实力。也因为这种想法，身体强壮的范德比尔特没有像很多年轻人一样参军报国。国家、义务、政治、公益，这些词汇在他看来如同浮云一样地缥缈，赚钱才是他的人生大事。

范德比尔特也深知，以自己的性格进入军队，恐怕不会有好果子吃，在军队里是没有人会由着他的性子允许他胡作非为的。所以，不论周围的形势是好还是坏，范德比尔特只忙于自己的生意。碰巧的是，他的个人利益始终与国家利益同步进行，无形中就帮助了国家，虽然他主观上从不想这些。许多年后的南北内战时，他的表现就足可以说明这一切。有人这样评论：范德比尔特应该庆幸自己生在了一个好的时代，这让他看起来不是那么让人讨厌。

港口和码头也是一个充满了低级趣味的地方，水手和力工在忙完一天的工作后，大多去酒馆喝酒，喝醉后常常寻衅滋事。有的在马路边物色中意的妓女，然后带到小旅店里寻欢作乐。在这个群体里，谈话的内容也大都是粗俗不堪的，出身背景不同的人恐怕难以适应这里。范德比尔特经过长年海风的吹拂，身材、皮肤和别的水手没什么两样，他也很喜欢社会底层的娱乐，在他的眼中，卑微和放荡也闪耀着极美的光。

1812年6月，第二次英美战争爆发，这场战争也可以说是独立战争的延续。纽约湾虽未受到攻击，但海外贸易被迫中断了。英军的主力部队仍然在欧洲与拿破仑血战，所以战斗主要由驻加拿大的英军来进行，这给了美军宝贵的准备时间。尽管美军占尽天时地利人和，但由于严重的指挥失误，在战争初期，英军还是给美国造成了不小的麻烦。同年8月，底特律城的美国守军因无力突围，全体投降。

范德比尔特关心的是另一件事，他越来越觉得自己的那艘帆驳船有些落后了，在纽约湾这样复杂的水域里，应该使用更先进的船。1813年，他委托造船厂建造了一艘单桅帆船，长度20米。范德比尔特一个人是无法驾驶它的，因此，他雇了几个帮手。这艘船除了比先前的那个更大，还加装了稳向板，这个装置能更好地稳定船体。

当年夏天，这艘船试水航行，范德比尔特非常满意。无论潮汐是怎样的情况，海风朝哪边吹，这艘大船都能自由进退，他感到生意也一定会更好。除了在史坦顿岛和曼哈顿之间做他的老本行，范德比尔特还帮助政府运送士兵和战略物资，当然，这是有偿服务。他本人非但没有受到战争影响，反而狠狠地赚了一笔。

1814年4月，拿破仑在莱比锡战役中失败，陷入低谷，英国很快向美洲战场增派一批部队。同年8月，一支4000人的英军部队直取美国首都华盛顿，令人惊异的是，这支英军在行进途中没有遇到任何阻击，如入无人之境。华盛顿的守军虽然有7000人，但缺乏战前准备，支撑了一阵后全部溃散，总统麦迪逊和政府高官们被迫出逃。首都被敌国攻陷，这在美国历史上是第一次也是唯一的一次。

英军进入华盛顿后大肆破坏，一把火烧毁了国会大厦，麦迪逊的总统官邸也未能幸免。这支英军尝到甜头后想继续扩大战果，在攻打别的城市时伤亡惨重，不得不退却。在这一年里，纽约湾的情形还是相对平静的，范德比尔特每星期都会把一批物资运到各个防御碉堡里，这是他与纽约市政府达成的协议。

  1815年1月，美军在名将杰克逊的指挥下取得新奥尔良大捷，英军损失惨重，死伤了数千人，被迫向美国求和。这场战争在美国的历史上具有重大意义，它使美国彻底摆脱了英国的军事围堵，获得了真正意义上的独立，为美国接下来的发展赢得了宝贵的时间，也为其工业的发展开拓了足够的空间。但是英国在美国南方留下的奴隶制经济残余给美国带来了无穷的后患，其对美国南方的深刻影响为后来的南北内战埋下了伏笔。

第二章 冷漠的工作狂

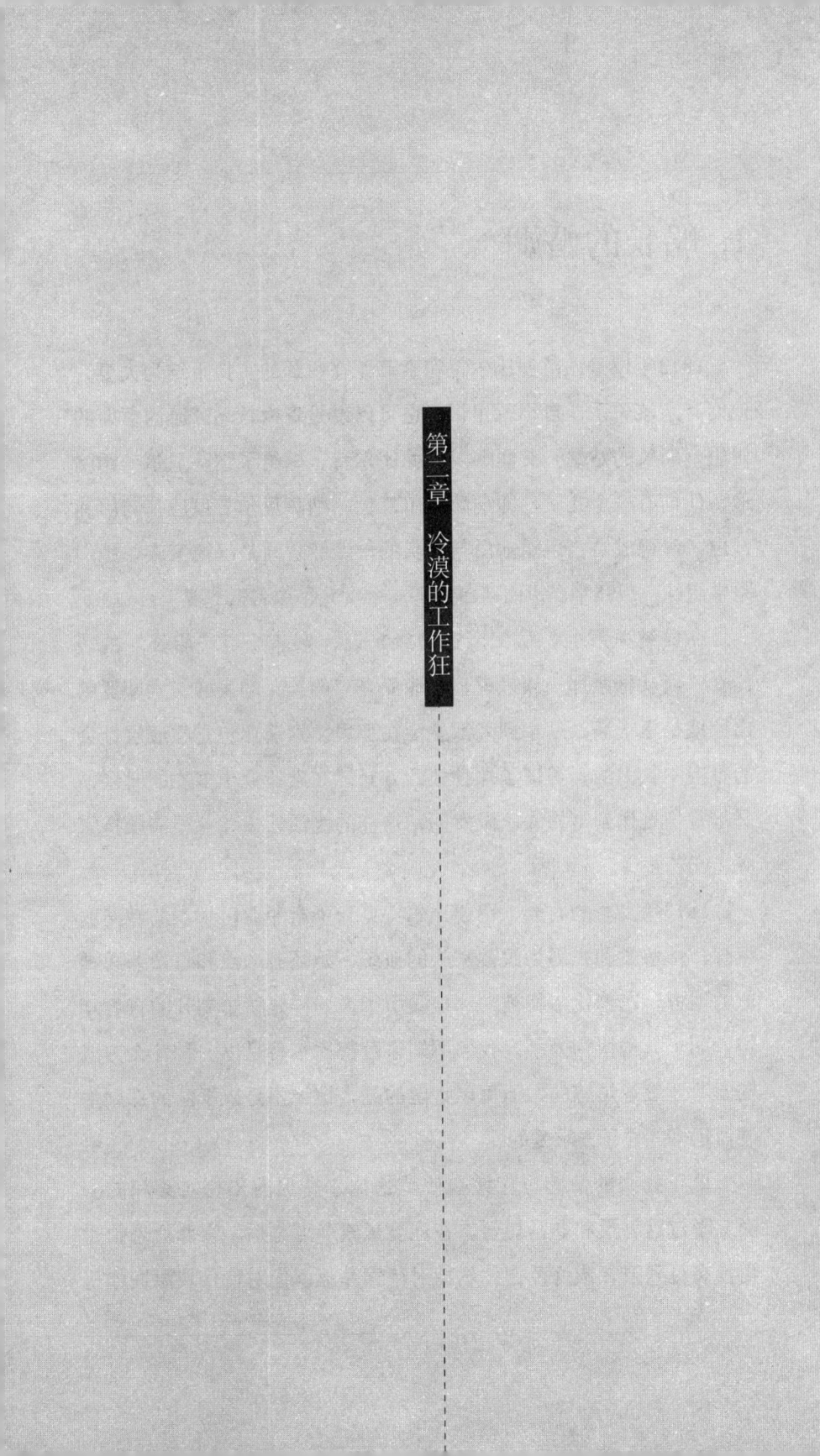

1. 船长的婚姻

1813年12月，范德比尔特和索菲亚在牧师的主持下结为夫妻。他们有亲戚关系，自小就相识，也可以说是青梅竹马。康内留斯的姐姐（船长的姑姑）艾丽娜·范德比尔特，嫁给了纳萨尼尔·约翰逊，他们有一个儿子，即纳萨尼尔二世。纳萨尼尔二世后来与伊莉莎白·汉德成婚。伊丽莎白与船长的母亲菲碧同是汉德家族，她们是堂姐妹。1795年，伊丽莎白生下一个女儿，取名索菲亚。

在血统关系上，从父亲这一族来说，索菲亚是"船长"的表侄女。而从母亲那一族来说，索菲亚是"船长"的表妹。索菲亚的出生地是里士满，从小到大都生活在那里。索菲亚也是在底层社会的氛围中长大的，习惯了那种生活方式。在索菲亚十多岁的时候，父母曾把她送到富裕人家做女佣，这样的生活让索菲亚很能操持家务，吃苦耐劳。

1813年夏季的时候，范德比尔特见到了索菲亚，18岁的她美丽沉静，性情柔和，因为汉德家族的血统，她还有一点和母亲菲碧神似的地方，范德比尔特被深深地吸引了。同样是情窦初开的青春年纪，两个人很快相爱了。我们不知道范德比尔特是以一种什么方式向索菲亚表达情感的，但可以肯定的是，他绝不是以平常的那副生硬而粗俗的样子去求爱的。

真正到来的情感也应该会使范德比尔特显露出相对柔和的一面。不过这种柔和非常短暂，在迎娶了索菲亚之后，索菲亚恐怕也再没有见到过，或许范德比尔特对待索菲亚就像对待一块温润如玉的宝石一样，见到的时候百感交集柔情蜜意，得到了之后就可以随时欣赏，也不再具有新鲜的魅力，于是就该怎么样还怎么样。

两个人的婚礼办得热热闹闹，也可以说是一次大型的亲戚聚会。婚后的生活条件也相当一般，他们租了一间房子住，距离康内留斯和菲碧的老房子很近，所以，菲碧时不时会过来看一下。范德比尔特驾驶着他的帆船出去赚钱，常常是天刚亮就出门，直到深夜才回家。索菲亚成为完完全全的家庭主妇，做饭，打扫房间，洗衣服。

因为范德比尔特要求简朴，所以她努力把生活支出压到最低。估计丈夫即将到家，她会把做好的饭菜在锅里加热，等着他回来。范德比尔特由于一贯的性格，加之奔波了一天，每次回来总是脸色灰暗。他对妻子从来不说感谢的话，也没有什么甜言蜜语，这样的待态度持续了几十年，直到索菲亚病逝，她也没能从丈夫那里感受到什么温情。

在范德比尔特的心中，事业始终是第一位的，他要拥有自己的船队，他要领导一批水手，他要赚很多很多的钱。为了这个目标，他从不顾及家人的感受，当然，除了母亲菲碧以外。如果范德比尔特有什么好的想法需要和人分享，那他一定会和母亲说，菲碧有时会提出自己的意见，即使范德比尔特并不打算照母亲说的去做，他在态度上也会表示绝对的尊重。

这样的待遇，索菲亚用一生的忍辱负重都没有换来。

虽然这样说会让人觉得"船长"太过冷酷无情，但事实确实如此。在范德比尔特的眼中，索菲亚似乎是一个他雇来的佣人，除了负责家务，就是给他生儿育女，他从未考虑给妻子什么样的生活，而是时刻盘算着自己想要什么样的生活。父亲康内留斯虽然性格上也有欠缺，他却乐于让妻子管家，只喜欢一辈子安安稳稳，衣食无忧。范德比尔特受教育的程度显然不如索菲亚，但他绝不会像父亲那样做，在自己的家里，他的统治地位是无论如何不能动摇的。

索菲亚一共为"船长"生育了13个子女，其中10个是女儿，3个是儿子，对此，范德比尔特经常会蛮横地责怪妻子，因为儿子生得太少。三个儿子分别是威廉（1821年出生），耶利密（1830年出生）、乔治·华盛顿（1839年出生）、仅从名字就可以推测出，小儿子从出生后是最为"船长"宠爱的，因为他的名字和美国首任总统的名字一模一样，可见范德比尔特对他寄予了厚望。

在乔治·华盛顿长大之后，范德比尔特送他到西点军校深造，期望有朝一日，乔治能接下他的商业帝国。可惜的是，南北内战时，乔治参加林肯政府的北方军，在行军中罹患了肺病，医治无效死亡。第二个儿子耶利密是最悲剧的人物，从出生起，伴随他的就是癫痫病，由于长期的病痛折磨，又患上了躁狂性抑郁症。范德比尔特不但不可怜他，反而认为病怏怏的耶利密让自己没有颜面，不顺心时他会严厉地责骂耶利密。

范德比尔特的态度在这以后一直没有改变，成年后的耶利密因为极度压抑和窘迫，在一家旅店里以自杀的方式离开了人世。范德比尔特对大儿子威廉的态度一直是不冷不热，直到乔治·华盛顿病逝后，他才不得不重视这个儿子，着重锻炼他的经商本领，并在临终前把绝大部分家产分给了威廉，而威廉也是范德比尔特家族里最后一个能赚钱的人。自他以后，范德比尔特家族的产业被子孙们的奢华享受慢慢败光，可以说是一代不如一代。

上一章提到过，码头是一个充满了低级趣味的地方，范德比尔特被这种气氛所影响，喜欢和混迹于小巷的妓女鬼混，即使他成为百万富翁以后，也会偶尔去找那种乡下妓女重温旧梦。正是这样放纵的私生活，使晚年的范德比尔特患上了性病，而且是令人毛骨悚然的梅毒。这种疾病缓慢而顽固地侵蚀着人的健康，在当时的医疗条件下是很难被彻底治愈的，并最终使范德比尔特丧命。

可怜的索菲亚明知道丈夫的胡作非为，却只能沉默不语，她在这个家里几乎没有一点发言权。后来，她自己也被丈夫传染上了性病。在这种精神和身体的双重打击下，她一度精神失控，在1846年被强迫送进精神病院，在那里度过了三个月的凄惨时光。最后还是在婆婆菲碧的调解下，她才被放出来。

无奈的是，范德比尔特对这位贤惠的妻子没有什么愧疚和不安，因为，索菲亚在1868年去世，而在去世前，她都是独自住在史坦顿岛上，落寞地数着最后的时日，而范德比尔特则住在自己的别墅里，与比自己年轻得多的女人鬼混。资本原始积累的成功背后总会有牺牲品，从这方面来说，索菲亚是一个让人无比同情的牺牲品。

1814年，第二次英美战争进入尾声阶段，而且主要的战斗都在远离纽约的陆路进行，沿岸贸易迟早会全部开放。在这一年的春天，范德比尔特拿出大部分积蓄，委托造船厂建造了三艘船。一艘是单桅帆船，命名为"渥克特总督号"。另外两艘是纵帆船，命名为"无敌号"和"埃姆斯将军号"。夏天的时候，三艘船都做好了，正式下水开始服役。

范德比尔特驾驶"无敌号"，以哈德逊河的沿岸码头做落脚点，经常沿着哈德逊河的一个支流克洛敦河行驶，把小麦运到一个大磨坊，再把磨好的面粉运回。"渥克特总督号"和"埃姆斯将军号"则由可靠的水手驾驶，往来于曼哈顿和奥尔巴尼两个地点。1815年元旦，战争完全结束了，一切回归正常。范德比尔特又买了一艘纵帆船，德弗瑞斯特也出了钱，这艘船属于两个人共同所有。

德弗瑞斯特是范德比尔特的姐姐夏洛特的丈夫，所以，这艘船也起名为"夏洛特号"。德弗瑞斯特是船运航海的老江湖，有着极其丰富的实际操作经验，在两个人的合作过程中，德弗瑞斯特把自己所会的全部教给了范德比尔特。范德比尔特这些年始终致力于内河和港口船运，而对于真正意义的海上航行，情况是不一样的，德弗瑞斯特传授的恰好是这一方面。

在这一年的秋天，"夏洛特号"首次航行，它先是把货物运到南部港口，在回来的时候顺便到达盛产牡蛎的浅海水域，低价收购牡蛎，在返回纽约后再把牡蛎抛售。一去一回，船舱的空间都没有浪费，而且得到了1500美元的纯利润。德弗瑞斯特和范德比尔特这两个人的合作十分默契，出于由衷地佩服和信赖，范德比尔特让德弗瑞斯特做"夏洛特号"的船长，负责北方和南方的往返线路。

范德比尔特仍旧回到"无敌号"上，有时间他也会到另外几艘船上视察一下，往返于曼哈顿和奥尔巴尼的"渥克特总督号"和"埃姆斯将军号"做得非常出色，以按时到达赢得了客户的称赞，人们称呼范德比尔特为"船长"，这就是这个绰号的由来。此后，每当报纸上出现"船长"这个字样，人们就知道这指的是范德比尔特，虽然驾驶船只从事航运的船长有成千上万，但唯独范德比尔特获得了这一称谓的专属权。

2. 蒸汽机轮船

1815年还有一件事情引起了人们的兴趣，那就是纽约湾出现了蒸汽机明轮船。虽然数量很少，但在成百上千条帆船的衬映下，它们是那样地奇形怪状，那样地给人以新鲜感。蒸汽船的发明者是罗伯特·富尔顿，他出生于1765年，从28岁开始，他就致力于将蒸汽机装置在船上，并以其为驱动力。经过了十多年的不懈努力，罗伯特终于成功创制了"克莱蒙特号"蒸汽机明轮船。

这艘船全长46米，宽9米，吃水深度0.6米，明轮宽度0.25米，明轮直径1.8米。最特别的是，船上还装置了两块船帆作为辅助动力，这也是这类轮船早期的特点。1807年8月17日，"克莱蒙特号"在哈德逊河上试航，时速达到7公里，共航行了177公里，最后到达杰曼镇，试航取得完满成功。当然，在富尔顿之前，也曾有人将蒸汽机与船体相结合，但都停留在试验阶段，或者因各种因素制约而没有进行下去。

富尔顿是第一个创造轮船并将其实用化的人，所以，"轮船之父"的桂冠幸运地戴在了他的头上。他通过用"克莱蒙特号"运输那些好奇的乘客，十分轻松地赚回了造船的成本。富尔顿的赞助人利文斯顿也很高兴，这位纽约社会名流多年来一直不遗余力地支持富尔顿的造船事业。"克莱蒙特号"得到成功后并未退役，而是定期往返于哈德逊河的水面上。随着造船技术的不断革新和改进，作为辅助动力的帆布被撤下，完全由蒸汽机带动明轮使船只前行。

1815年，停在纽约湾的这几艘蒸汽船的所有者就是富尔顿和利文斯顿，纽约市议会为了促进先进事物的发展，向他们颁发了特别证明，在纽约所属的合法河流水域和领海，他们的蒸汽船可以自由航行。这些蒸汽船以搭载乘客为主要业务，所以，那些驾帆船跑货运的人并没有觉得有什么竞争威胁，而且，当时的蒸汽船在航速上的优越性也不明显，时常成为水手们讥讽的对象。

蒸汽机此时是烧木头的，因为燃烧速度快，浓烟混杂着火星喷出烟囱，机械系统也会发出单调刺耳的声音。乘客大多是喜欢尝试新鲜事物的先生太太们，整个航行过程并不像他们想象的那样美好，男人们因为噪音而眉头紧锁，女人们则抱怨身上的漂亮衣服被烟灰弄脏了，这种上流社会人士的矫情总是会引起水手们的嘲笑和鄙夷。

新鲜事物的发展就是这样的过程，初期总会有各种不足之处。比如枪械，早期的火枪装填弹药的速度极慢，经常会发生一支"现代化"军队被一支全部装备冷兵器的对手打得溃不成军的情况，可随着技术的不断革新，热兵器与冷兵器的对抗变得根本不在一个层面上。北美洲的白人与土著印第安人的血腥厮杀就是个典型的例子。

当遇到水流和风向都极好的时候，单桅帆船和纵帆船会超越造型巨大的蒸汽船，个别的水手会转身脱掉裤子，对着蒸汽船扭动屁股，以此来表示对蒸汽船的鄙视。范德比尔特也是其中的一分子，他虽然感到新鲜，却认为这种滑稽的船是难以驾驭的，有时，他也会做那种粗俗的恶作剧。范德比尔特本来就不喜欢搭载乘客，他受不了他们的喋喋不休，干脆把所有的乘客都让给轮船好了，而他，就做自己最愿意做的货运，把各种各样的商品运来运去。

范德比尔特的船在哈德逊河上往返过多少次，连他自己也不会清楚。他的那几艘帆船也总是装满东西，有来自奥尔巴尼的小麦玉米，苏葛底斯采石场的石块和石板，还有金属器具、皮革、水产品鱼类等等。在码头上，范德比尔特是出名地精于计算，如果有人想从他身上揩油，还不如去大街上乞讨来得容易一些。

虽然他的某些个人品质是让人难以接受的，比如自私，冷酷，吝啬，但这丝毫不影响他的资产日积月累。因为他的运费低廉，而且讲究诚信，按合同办事，这为他争到了很好的声誉。这也形象地说明了，一个商人可以在学识和性格上有所欠缺，但唯一不能缺少的就是诚信，这也是所有商家的安身立命之本。

除了物资流通，范德比尔特还会瞄准机会，做些投机倒把的生意。在1816年的春季，又到了鲱鱼在哈德逊河产卵的时候，这个现象会维持近一个月的时间，范德比尔特雇来捕鱼能手帮他捕鱼，然后运到纽约水产市场出售。到了夏天，他把南方盛产的水果运回纽约，批发商会在一天之内把它们买光，因为价钱便宜又很有销路。针对港口泊船上的水手们，范德比尔特则兜售他采购的酒类和快速消费品，总之是见缝插针，灵活机动。

1817年很快到来了，23岁的范德比尔特声名卓著，在他长年忙碌的那条海岸线上可以说是家喻户晓。如果他照这样的形势发展下去，也会成为举足轻重的富翁。蒸汽船的数量虽然逐渐增多，但帆船的生存空间依然十分广阔，蒸汽船成为海上霸主在20世纪初才完全实现，这期间是漫长的数十年，而且许多资格不老的商人恰恰是利用这最后的黄金时代靠帆船发家致富。但是，范德比尔特动摇了，这一动摇缘于"夏洛特号"的船长德弗瑞斯特的离职。

当时，里士满航运公司想扩大经营规模，发展蒸汽船业务。但富尔顿和利文斯顿在纽约具有蒸汽船营运的垄断地位，如果想从事蒸汽船营运，必须得到他们的允许。里士满航运公司总裁汤普金斯和他们商谈沟通，支付了一笔钱，终于得到了授权。获得允许的只是一艘蒸汽船，名叫"鹦鹉螺号"，而且航行的线路也不是自主随便的，是预先确定好的。此时的汤普金斯缺少一位经验丰富的船长，经过物色，他觉得德弗瑞斯特可以胜任，便出高价聘请他。

德弗瑞斯特在这段时间一直管理"夏洛特号"，每年的收入只有汤普金斯给出的价钱的一半，而且负责南北航线是件辛苦的差事，如果担任"鹦鹉螺号"的船长，只需在本地工作，十分轻松。在这样的情况下，德弗瑞斯特向范德比尔特提出辞职，范德比尔特虽然不愿意失去这样一位优秀的助手，但德弗瑞斯特的理由无法拒绝，因为在"鹦鹉螺号"上工作的前景非常好，而且两人又是很近的亲戚，范德比尔特只好忍痛割爱。

德弗瑞斯特离开后，范德比尔特继续做货运生意，但重担一下子压过来，这是他没有预料到的。本来，监督船员的人事工作和后勤保障工作都是由德弗瑞斯特在做，而且尽职尽责，范德比尔特可以放手不管。现在，德弗瑞斯特离开了，范德比尔特不得不事事亲为，琐碎的工作使他疲惫不堪。蒸汽船的日益增多也让他多了几分忧虑，虽然自己的利益没受到多大影响，但没有人能确定蒸汽船的发展速度，也没有人能确定帆船何时被淘汰。

如果某一天真的那样，那么自己手里的帆船就成了废物。但发展蒸汽船也没有那么简单，因为要得到利文斯顿和富尔顿的授权，还要交一笔数目不菲的费用。得到授权，航线还要由对方制定，几乎没有什么商量的余地，"鹦鹉螺号"就是个例子。范德比尔特的动摇表面上看是因为德弗瑞斯特的离去，实际上是社会环境下必然会产生的转变，绝大多数的人都是在跟随社会潮流走，极少有人会只专注于自己的脚步，这一现象在商业活动中尤为明显。

3. 垄断与反垄断

富尔顿和利文斯顿在纽约地区享有蒸汽船专利特权，是因为纽约政府一直采取支持态度，并通过法案加以强化。早在1808年，就是"克莱蒙特号"试航成功的第二年，纽约议会通过法案，决定富尔顿和利文斯顿在本地区的专利权30年内有效，在此期间，任何没有授权而擅自航行的蒸汽船，都将予以重罚。一些拥有小型蒸汽船的业主无法与这种垄断对抗，又不愿意拿出钱来去申请授权，只得转行去做别的生意。

在这种情形下，各州政府纷纷效仿，将垄断权授予本地区内船运方面的知名人士。1811年，富尔顿和利文斯顿还获得了奥尔良议会准许的特权。这样，他们的蒸汽船不仅在纽约具有垄断地位，在奥尔良也拥有同样的特权。这两个地区在当时的美国是船运贸易最发达的，富尔顿和利文斯顿也因此风光无限。当然，有垄断的出现，反对垄断的声音也会出现。在同一年，这样的争斗就激烈地开始了。

奥尔巴尼地区出现了一艘蒸汽船"希望号"，这艘船是当地的一些人士出资合造的，没有申请授权就公然下水航行，挑战富尔顿和利文斯顿的地位。这些人还放出风来，另一艘蒸汽船即将建好，也会毫不犹豫地参加竞争。利文斯顿向法庭起诉，请求法庭保护自己的权益。第二年的3月，法庭作出判决，永久性地剥夺了"希望号"的航行权利。利文斯顿的垄断地位一时间里无人可以动摇。

随着船运垄断在美国各个地区的展开，地方保护政策也慢慢地渗透进来。因为纽约市曾宣布对泽西海岸部分水域的所有权，所以利文斯顿的航线扩展到了那里，这一举动使新泽西州议会非常恼火。因为新泽西州的蒸汽船如果驶进纽约的地界，就会被扣留，所以，州议会决定，对闯入本地区的纽约蒸汽船也采用同样的手段。

1813年，奥格登获得了新泽西州水域的蒸汽船独家营运权。

在这一年里，利文斯顿病逝，他的权益由其哥哥约翰·利文斯顿行使。利文斯顿家族在拉瑞坦河上有一条航线，新泽西州对这一区域有实际控制权，继续航行有被查扣的风险，所以，负责这条航线的一艘孤零零的蒸汽船被迫停航了。

奥格登是土生土长的新泽西人，一生的经历也颇具传奇色彩。他曾担任过新泽西的总督，离任后便做起了船运生意。因为纽约的地方保护政策，奥格登的船即使偶尔驶进纽约湾，也不敢靠得太近，对于那些目的地在纽约码头的乘客，奥格登会让他们在中途换乘一艘帆船，以免造成不必要的麻烦。奥格登的从政经历使他得到了本地区的垄断权，但从一开始，反对他的人就没有沉默过。

奥格登有些自以为是，盲目自大，看不起别人，因此，新泽西的一些人士发誓要把他拉下马来。1815年，这些人的心愿终于达成了，州议会通过投票，决定免除奥格登的独家经营权。同年，蒸汽船发明家富尔顿去世了，权益由其后代继承。虽然此时纽约的蒸汽船垄断权仍然控制在富尔顿家族和利文斯顿家族的手里，但相比于老一辈人的领导能力，此时的集团已经慢慢地显露出颓势。奥格登敏锐地意识到了这点，决定拿其开刀。

他向纽约议会提出书面控告，质疑利文斯顿和富尔顿集团的霸主地位。纽约议会不仅受理了他的诉讼，还进行了投票表决。在是否支持奥格登的意见上，反对的票数只比支持票数多一票，奥格登差一点就成功了。这是一个十分危险的苗头，它让约翰·利文斯顿深感不安，权衡利弊之后，他决定与奥格登开展合作，把所属的一条航线廉价卖给奥格登，由其经营管理。这样，约翰不仅使奥格登站到了自己这边，也让整个集团的利益维持在安全状态。

历史在有些时候是由偶然性决定的，就在奥格登发展得很好的时候，一个名叫托马斯·吉本斯的人加入进来。一开始他与奥格登是合作关系，可惜好景不长，没过多久他们就分道扬镳，两个人开始公开对抗，随后又把范德比尔特也卷了进来，无形中影响了范德比尔特的人生道路。

当然，我们也应该感谢这种影响，如果没有奥格登和吉本斯的争斗，范德比尔特会不会成为铁路大亨还很不好说。一个人的内在和其所处环境的外在偶然性往往会决定一个人的道路，这个道理用在范德比尔特身上是很合适的。

吉本斯是南方人，出生于南卡罗来纳州，父亲是大种植园的园主。成年的吉本斯一方面继承了家里的产业，另一方面又投身于政治领域。1792年，他的政治生涯陷入低谷，便转行做律师，这一做就是9年。1801年，吉本斯的几个子女死于疟疾，只有一个女儿两个儿子存活下来。为了逃离疟疾爆发的地区，吉本斯在新泽西州置办了一处别墅，把妻子和三个孩子带到了那里。就这样，他在新泽西州生活得越来越习惯了。

同时，他在南方的业务已接近饱和状态，没有什么新的项目了，他开始把目光投向北方的蒸汽船航运。在这样的情形下，吉本斯和奥格登合作了。吉本斯的政敌曾经把他描述成一个挑拨是非、拉帮结伙的无耻小人，这样说是有些过分的，不过，吉本斯确实是一个不擅长与人为善的人，也可以说是锋芒毕露、争狠好斗的，在这一点上，他和奥格登两人是十分相像的。俗话说：一山不容二虎，吉本斯和奥格登的合作是难免破裂的。

关于船运的时刻表、后勤及相关服务、利益的分配比例，以及谁处于领导地位等问题上，两个人争得不可开交。他们在各自的领域都很有建树，也都自誉为成功人士，谁也不甘心做对方的下属。

如果事情就此为止，他们或许还能勉强合作，即使关系破裂，也不会埋下多大的仇恨，但令人无奈的是，吉本斯的女婿特朗布尔与吉本斯闹僵，又把奥格登拉下水，一切不可逆转地向前发展。

起因是吉本斯的私生活腐化，这让当地人嗤之以鼻，吉本斯的妻儿也激烈反对。就在这时，吉本斯的女婿特朗布尔怀着好意，希望可以从中调停，劝说吉本斯不要与那些下流女人来往。特朗布尔的好心却没有得到好报，吉本斯非但没听，一气之下还宣布剥夺女婿女儿的财产继承权。特朗布尔也被激怒了，他决定起诉吉本斯，因为吉本斯毫无道理。紧接着，让人大跌眼镜的一幕出现了，特朗布尔请求奥格登帮助自己打这场官司，奥格登竟然答应了。

现在，情势已经明朗化，两个人已经撕破脸皮，吉本斯开始对奥格登展开面对面的攻击。他先是散发抨击奥格登的传单，做了一段时间觉得不过瘾，于是，有一天，他干脆跑到奥格登的住宅，在他的门上贴了一张纸条，内容是：你最好能对你的无礼行为作出解释，如果你继续沉默，那就意味着你已经承认自己是一个有罪的人，我希望你有胆量站出来，并接受我的决斗邀请。

吉本斯或许是故意这样写的，目的是嘲笑奥格登是胆小鬼，因为在纽约州，私人之间的决斗早已被宣布是违法的。奥格登看到这张纸条后，在心里酝酿着反击计划。终于，奥格登找到了一个由头，一个向他借钱的人在还款期限过后仍然拒绝付钱，而当时的担保人正是吉本斯，按照借款合同，如果对方不能偿还，那么就由担保人来偿还。虽然这是一件鸡毛蒜皮的小事，但奥格登大做文章，攻击吉本斯是欠债不还的无赖，吉本斯因此还被拘留了几天。

1817年，也就是德弗瑞斯特担任"鹦鹉螺号"的船长、范德比尔特摇摆不定的时候，吉本斯开始着手加入蒸汽船竞争大战，他看好了一条航线，就是从新泽西州的伊丽莎白到纽约曼哈顿的往返线路。可惜吉本斯晚了一步，当他与利文斯顿家族的约翰沟通，希望对方能授予他该航线的经营权时，方才知道，奥格登已经抢先一步与约翰达成协议，伊丽莎白至纽约的航线被奥格登垄断了。

吉本斯被泼了一盆冷水，他清楚地意识到，自己面对的不仅仅是奥格登，而且是利文斯顿、富尔顿、奥格登三者混合的大集团。好在吉本斯虽然有这样那样的缺点，却也拥有一个很大的优点，就是在与人较劲的过程中，他永远不会退缩，哪怕结局是鱼死网破。

1818年春天，吉本斯委托造船厂建造一艘蒸汽船，在建造过程中，他开始作舆论准备。他宣称，自己作为一个美国公民，不会遵守纽约地方制定的法规，只会遵守美国宪法中关于贸易的法律条文，因此，他有权利也有义务向不公平的现象开战。那艘定做的蒸汽船体积非常小，虽然吉本斯给它取了一个好听的名字，但见到它的人总称呼它为"耗子"，于是，这艘船干脆叫"耗子号"。

接下来，还有一件事没有敲定，就是聘请一位值得信赖的船长。这位船长必须有丰富的航海经验以及管理能力，同时，要具有挑战垄断地位的勇气和放手一搏的胆量，吉本斯的这些要求简直就像是为范德比尔特量身定做的。

范德比尔特正式进入吉本斯的视野是在当年的2月份，有一天，报纸上登载了范德比尔特勇救"海王星号"轮船的事迹。故事情节是这样的，"海王星号"不幸在桑迪海滩搁浅了，试图前来救援的船都没有帮上什么忙。就在一筹莫展的时候，范德比尔特驾驶他的"无敌号"纵帆船赶来了，因为早年他曾和父亲康内留斯在桑迪海滩以救援货物赚些好处，他对这处凶险的海滩十分熟悉，而且胆大心细。

最后，范德比尔特成功地抢运出价值四十多万美金的货物，并帮助政府派来的巡逻船把货物安全转移。这条新闻刊登在报纸的头版头条，十分醒目。吉本斯得知后，便注意了解打听范德比尔特的各方面情况，最后，他确定这就是他要寻找的人才，"耗子号"的船长非范德比尔特莫属。

第三章 海上罗宾汉

1. 与吉本斯合作

有一天，吉本斯邀请范德比尔特来自己的住所商谈，此时的范德比尔特刚刚24岁，还是一个小伙子，而吉本斯已经61岁了，完全是一个前辈接见一个后生。吸引范德比尔特前来的是吉本斯的鼎鼎大名，而使他决定接受聘请的原因则是吉本斯的人格魅力，最起码在范德比尔特的眼中，吉本斯是很有魅力的。

许多年后，范德比尔特是这样评价吉本斯的：他的思想和目标是不受周围影响的，他天生就是一个领导者，没有谁能够对他发号施令。从这个评价可以看出，范德比尔特对吉本斯是很认同的。吉本斯也可以说是范德比尔特的提携者，实际上，后期的范德比尔特也在有意无意间模仿吉本斯的作风。当然，他学得很轻松，因为在骨子里，他们的性格有些相似之处。

如果说，范德比尔特这一生崇拜过什么人的话，那么美国首任总统华盛顿算一个，吉本斯勉强算第二个，除此而外，他就只崇拜他自己了。这种强大的内心意识直到他临终前也没有被丝毫削弱，他坚定地认为自己死后也将是上帝的重要追随者，而且并肩携手把魔鬼踩在脚下。

根据两人的协议，范德比尔特担任"耗子号"的船长，每月的工资是60美元，另外，船上设有一个小型酒吧，酒吧每年的纯利润有一半归范德比尔特。"耗子号"的航线是纽约曼哈顿至新泽西的新伯仑兹威克，按时按点往返。范德比尔特接下工作后，把自己的那几艘帆船卖掉了，只留下了那艘小驳船。那艘船是范德比尔特以开荒种玉米的劳动换来100美元，并用这笔钱买的，具有特殊的纪念意义，家里人还会偶尔驾着它出来，活动一下，以免腐烂生锈。

虽然吉本斯给他的好处远远比不上自己做帆船队长的时候，但开弓没有回头箭，范德比尔特下定决心干新事业，不想回头了。吉本斯还把所属的一家客栈交给范德比尔特打理，并协议客栈纯收入的五分之一归范德比尔特。工资、酒吧、客栈，所有这些东西每年带给范德比尔特的收益大概是3000美元，当然，他一个人既当船长又管理客栈是不可能的，于是，他带着妻儿搬离史坦顿岛，住进客栈，由妻子索菲亚做客栈的老板娘。

这家客栈位于新伯仑兹威克，距离停船的码头很近。索菲亚刚到这里时，映入她眼帘的是一个猪窝一样的屋子，地上都是灰尘和垃圾，臭虫爬来爬去，偶尔还会窜出老鼠。索菲亚用了几天的时间打扫这里，从储藏用的地窖，到客房、家人的卧室，最后到小阁楼，终于使其恢复了本来面目。

她给客栈起了一个新名字——贝娄纳客栈，进货、卫生、伙食、账目，这些工作差不多由索菲亚一个人完成。幸运的是，她的几个孩子年龄大一些，可以帮助妈妈打下手。没过多久，客栈的收益在吉本斯所有业务中占据了重要的位置。可以看出，索菲亚是很有才干而又能吃苦耐劳的，范德比尔特对妻子的薄情是毫无道理的。

"耗子号"蒸汽船因为规格太小，在开始航行后出现问题。首先，船体在行驶过程中有些摇晃不定，乘客很不适应，而且座舱的空间也很狭小。唯一的好处是燃料消耗要比大型蒸汽船少得多。乘客因为服务问题开始选择别的船，此时打价格战也不合时宜。在

1818年的夏季，范德比尔特劝说吉本斯，如果想让这方面的业务更具有竞争力，就必须建造更先进的大船。

在当年初秋，新船造好了，船体十分庞大，座舱宽敞舒适，新船取名为"贝娄纳号"，与客栈的名字一样。特别值得一提的是，"贝娄纳号"的整体设计构想是由范德比尔特完成的，具体的制造则委托造船厂和工程师。范德比尔特开始担任"贝娄纳号"的船长，"耗子号"交给一个有经验的水手指挥，航线仍然是曼哈顿和新伯仑兹威克两个地点，由"贝娄纳号"和"耗子号"换班航行。往返途中有一些稍大的地点，考虑到会有人顺便搭船，便短暂地停靠一下。

吉本斯还拥有公共马车业务，如果轮渡的乘客天黑之后到达港口，再想去别的地方就得乘坐公共马车。由于同属于吉本斯的公司，两方面的服务时间是对接的，以此来保障有需要的乘客下船之后就能登上马车，如果等不到马车，就要在客栈住一夜了。吉本斯把马车服务交给一个名叫赖特森的人打理，为了让马车客源充足，赖特森开始指责范德比尔特，说范德比尔特私自调整轮渡时间，迫使乘客到达新伯仑兹威克后，只能住进贝娄纳客栈。

愤怒的范德比尔特写了一封信，向吉本斯控告赖特森，信的内容是：新伯仑兹威克发生了十分糟糕的事情，就在昨天，赖特森向乘客们煽风点火，说我想赚取他们的住宿费而故意留他们过夜，而搭乘他的公共马车只需三块钱，那些人在他的鼓动下全走了。您能不能下令，让赖特森闭上他那张臭嘴！

吉本斯收到信后没有什么反应，这是很好理解的，因为人们无论坐马车还是住客栈，吉本斯都一样挣钱。或许，吉本斯暗地里还有些高兴，因为下属之间发生争斗，领导者的位子会坐得更稳固，也更能掌控局面。这种权谋手段早在中国古代就已经被上演了无数次，大臣们吵得越厉害，皇帝就越开心，也就是通常所说的"制衡之术"。

许多天过去了，吉本斯仍然在那里装聋作哑，赖特森继续在码头上四处招摇，一副小人得志的嘴脸，范德比尔特找准一个机会，把赖特森一顿暴打。吃了苦头的赖特森知道范德比尔特不好惹，自此以后就收敛多了。当用非暴力的手段解决不了问题时，范德比尔特会毫不犹豫地伸出他的拳头。

曼哈顿至新伯仑兹威克的航线并不只是吉本斯的船在运行，奥格登的"阿特兰色号"蒸汽船和约翰·利文斯顿的"橄榄树号"蒸汽船也在运营，他们之所以没有起诉吉本斯，完全是想用这种方式挤垮吉本斯。后来，他们发现这种方式不管用，吉本斯一直顽强地支撑着。奥格登只好在纽约法庭控告吉本斯，请求法官保护自己合法的航运专属地位。

法官根据纽约议会制定的垄断法，支持奥格登的诉求。这样一来，范德比尔特指挥的两条蒸汽船只能在新泽西州的地域活动，偶尔进入纽约地界，还要看奥格登的脸色。因为利益直线下滑，吉本斯开始考虑对策，此时，一个新情况出现了，奥格登和约翰之间有了嫌隙，这是破解对方联盟的大好时机。

经过接触，吉本斯和奥格登这对冤家开展第二次合作，同时降低船票价格，这使得约翰的"橄榄树号"几乎处于瘫痪状态。约翰的反击也很快，他主动找到吉本斯谈判，希望"贝娄纳号"可以和"橄榄树号"一起联手，但是吉本斯拒绝了。眼见瓦解对方没有效果，只好走法律途径，约翰的起诉理由是奥格登虽然有授权许可，但他不安本分地扩大经营范围，纵容吉本斯的蒸汽船进入纽约湾。

法官再次表明态度，禁止吉本斯的"贝娄纳号"驶进纽约湾。

但是，这样的判决并没有起到什么实际作用，吉本斯与奥格登想出了一个新的方式：开展客运联程服务，让乘客在纽约与新泽西交界的码头换乘对方的船。约翰·利文斯顿对此毫无办法，只能眼睁睁地看着对方合作得不亦乐乎，此时要想挽回局面，只有一个办法可行了，那就是给奥格登以丰厚的好处促使他回到自己的队伍。

约翰的目的顺利地达成了，吉本斯一时间处于颓势。这番走马灯似的厮杀较量，再次印证了许多商人奉行的那个经典座右铭——没有永远的朋友，也没有永远的敌人，只有永恒的利益。当然，这个座右铭可能适用于国家与国家之间的关系，也可能适用于商业集团的较量，却不适用于人与人之间的纯正友谊。

暂时落败的吉本斯再次找到了机会，他从里士满航运公司总裁汤普金斯的手里买到了船运执照。在汤普金斯手下效力的德弗瑞斯特指挥着"鹦鹉螺号"，于曼哈顿和史坦顿岛之间往返。范德比尔特利用船运执照，可以光明正大地航行了，他的船可以到达史坦顿岛，于是双方开始对接载客服务。范德比尔特每天在两船对接时能和姐夫德弗瑞斯特攀谈一会儿，这让他很开心。

冬季很快到来了，海岸浅水区结满了厚厚的冰层，此时是轮渡生意的淡季，吉本斯想把"贝娄纳号"重新改建一下，以待明年开春全力投入营运。虽然业务处于停顿整修状态，但范德比尔特没有待在家里休息，他又把自己的那艘小驳船拉出来，接些零活挣一点运费。同时，他还要去造船厂监督"贝娄纳号"的重建情况，这是吉本斯交代的任务。

同样，贝娄纳客栈也迎来了淡季。索菲亚清闲的时候与孩子们作伴，忙忙碌碌了一整年，这位美丽贤淑的妻子终于可以好好放松一下了。纵观索菲亚的一生，贝娄纳客栈的岁月恐怕是她一生中最快乐的时光。

2. 智勇双全

　　1819年拉开了序幕，双方早就憋足了劲儿，争斗从一开始就进入白热化。尤其是范德比尔特，有时为了表达对垄断法的蔑视，他会让"贝娄纳号"蒸汽船直抵纽约港码头。另一方面，他多次给吉本斯写信，陈述自己的理由：一般民众对于垄断是没有好感的，如果挑起反垄断的大旗会赢得欢呼和钦佩。

　　吉本斯或许没有料到，范德比尔特比自己还要激进，当然，他是赞同的，他需要的就是这样一位能打头阵的先锋。直达纽约港码头使范德比尔特感到十分兴奋和刺激，他又想出了一个点子，让妻子绣了一面代表公平与正义的大旗。每当范德比尔特心血来潮，想彰显反抗精神的时候，他就把大旗挂在人人看得见的船头上，旁若无人地进入纽约湾码头。

　　对于这样的挑衅行为，约翰和奥格登完全可以要求纽约州政府发布公文，扣押范德比尔特和"贝娄纳号"，但他们没有那样做。并不是因为心慈手软，而是因为一旦扣留"贝娄纳号"，吉本斯势必请求新泽西州议会帮助他，对纽约州的举动采取报复性措施。约翰和奥格登在新泽西水域的航线将会土崩瓦解。他们想要的局面是既打压吉本斯，又不会两败俱伤。

　　最后，这两个人决定请警察出面，以扰乱合法贸易的理由先逮捕范德比尔特，再设法使其屈服认罪。但这一切也有个前提，就是必须在范德比尔特进入纽约港时抓他的现行。于是，警察开始四处监视，一旦发现范德比尔特再来挑衅，就立即抓人。听到了风声的范德比尔特毫不介意，照旧开船直闯纽约湾，船停靠后，警察上来抓人，却不见范德比尔特的踪迹。

原来，范德比尔特把自己打扮成一个下级水手，船靠岸后，他就以手头的工作为掩护悄悄地下船，等警察一无所获离开后，他算准轮船即将离港前的一点时间，再以同样的方式悄悄地回到船上。此后，警察加大了力度，范德比尔特在一段时间内只在新泽西地界活动，没有进入纽约湾。

这样畏畏缩缩也不是办法，范德比尔特心生一计。他在"贝娄纳号"的舱内设置了一个隔断密室，警察登船，他就躲进密室，安全了再出来。就这样，"贝娄纳号"又开始了挑衅行动。又过了一段时间，约翰和奥格登终于意识到抓捕的目标不应该局限于范德比尔特一人，而应该是"贝娄纳号"的全体工作人员。因为其中的每个人都在违背纽约法院的判决，每个人都有藐视司法罪。

想明白了这个事情后，那些水上巡逻警察制订了撒网捕鱼式的计划，决定在"贝娄纳号"进入纽约湾时先不要打草惊蛇，等船在码头停好后，再一拥而上，先抓捕船员，勒令他们说出范德比尔特的藏身之处，这样就做到了一网打尽。如果保密工作做得好的话，这个计划会非常成功。然而，早有知情者将它泄露给了范德比尔特，他开始从容布置，以逸待劳。

范德比尔特的办法是船上只留下重要岗位的船员，其余的暂时离开做别的工作，如果遇到警察围捕，范德比尔特就和那几个船员一起躲进那个密室。夏洛特也在其中担任了重要角色，她是德弗瑞斯特的妻子，范德比尔特的姐姐。接下来，有意思的一幕出现了。当一群警察信心满满地登上船时，发现在驾驶室里的是一个年轻的少妇，显然，她不是他们要抓的人。

座位上的乘客中也没有可疑对象，因为长期在船上工作的人和一般民众在外貌上会有很大区别。范德比尔特和船员们不翼而飞，警察里里外外搜了一遍，还是没有。此时的乘客们不耐烦了，发牢骚指责警察耽误了他们的航程。垂头丧气的警察走后，那个少妇用力跺了跺地板，范德比尔特收到姐姐的信号，和船员们从密室里出来，驾驶"贝娄纳号"快速离开。

英国的民间传说中有一个侠盗式的英雄人物"罗宾汉"，又被人们称为翰丁顿伯爵，传说他在公元1160年至公元1247年之间十分活跃。罗宾汉箭法出众，刚毅睿智，他敌视作恶多端的官吏和教士，经常行侠仗义，劫富济贫。随着范德比尔特智斗警察的事迹在码头上流传，他的名气越来越大，许多民众和水手甚至称呼他为"海上罗宾汉"。

正当那些警察一筹莫展的时候，范德比尔特大摇大摆地出现在纽约港的码头上，警察简直不敢相信自己的眼睛，他们欢天喜地地把范德比尔特拘捕了。这是一个愚蠢的行为，他们竟然也不想想范德比尔特为什么要自投罗网，只能说兴奋和激动压倒了他们的理智。实际上，这出戏是范德比尔特和吉本斯商量好的。目的有两个，一是戏耍一下纽约的法院和警察，二是以此把事情闹大，以纽约州滥用职权妨碍贸易为由请求新泽西议会出面保护。

纽约法院提审范德比尔特时，他慢悠悠地解释说，吉本斯的联合蒸汽船航运公司旗下的所有蒸汽船在星期天是休息的，而自己被警察抓到的那天就是星期天，因为汤普金斯那里缺人手，自己被雇用为临时工。范德比尔特再次强调，汤普金斯的船是有合法的授权手续的，因而自己是无罪的。法官和律师们哑口无言，只得放人。

范德比尔特打了头阵，接下来就是吉本斯出场了。他跑到新泽西议会发表激情演说，控诉纽约州的行为已经严重伤害了地区间的贸易往来。新泽西议会很快达成了共识，作出反应，针锋相对地通过了一条法规，即新泽西州将毫不犹豫地保护在纽约湾营运蒸汽船轮渡业务的新泽西公民，如果纽约州的官员胆敢拘捕上述人士，那么他本人也将收到新泽西州的拘捕令。

约翰和奥格登商量之后，决定挖吉本斯的墙脚，用高额薪水把范德比尔特拉到自己这边。奥格登给出的条件是，由范德比尔特担任"阿特兰色号"的船长，年薪为5000美金。吉本斯虽然正忙于筹划打下一场官司，但对奥格登的举动也是大略知道的，他什么反应也没有，似乎对范德比尔特的忠诚度充满了信心。

吉本斯胸有成竹的原因来源于两个方面，一是他早已提高了范德比尔特的年薪，加上从贝娄纳客栈年利润中分到的钱，范德比尔特每年有四千美元的收入，这和奥格登给出的好处相差不多。二是吉本斯曾经有这样的许诺，即等将来条件成熟时，可以把蒸汽船业务的部分股权以合理的价格卖给范德比尔特。

因此，当有人问范德比尔特他和吉本斯的关系时，范德比尔特十分体面地答复道："吉本斯一直以诚信和公平礼遇我，我将继续在他的麾下效力。"他还对身边的人说："相比于金钱，我更喜欢实现自己的理想和抱负，只有这样，我才会充满热情。"

范德比尔特的这些话有其合理成分，他也的确是一个忠于自己内心目标的人，但仍然不能排除自我掩饰的嫌疑。吉本斯给予自己的并不比奥格登相差很多，为此而背上不义的名声是愚蠢透顶的。

另外，范德比尔特的目标绝不是一直为别人工作，他要拥有自己的蒸汽船业务，而要达成这个目标，就必须帮助吉本斯彻底打垮垄断制度，让蒸汽船航运可以不受限制地自由发展，到那时自己事业的春天也就来临了。

还有，吉本斯的风格对范德比尔特有着很强的吸引力，以至于范德比尔特把他当成一个学习模仿的榜样。吉本斯虽然在政界商界摸爬滚打许多年，但他没有像很多相同经历的人那样成为一名绅士。他待人接物十分固执和生硬，和家人亲戚相处也是如此。他对慈善公益活动毫无兴趣，虽然家财万贯，却没捐过一分钱。

吉本斯也从不阅读经典书籍，更不会在家里摆设艺术品，如果有哪个博物馆展览艺术品，他绝不会踏进一步，对那些不懂装懂的人他更加蔑视和厌恶。吉本斯这一生的爱好只有三样东西，一是观看赛马和拳击，并下注赌博。二是有美酒端在手里，有美女依偎在怀里。三是与对他有威胁的人争斗，并尽一切可能击垮对手。如果说这个人身上有什么显著的优点，那就是不虚伪，而且天生是个勇者。

就在新泽西州议会发布报复性的法令后不久，吉本斯再次以范德比尔特被无理拘捕做理由，向纽约法院提出诉讼，希望法院撤销垄断禁令，允许"耗子号"和"贝娄纳号"在纽约湾正常营运。虽然吉本斯明明知道法院一定会保护约翰和奥格登的垄断地位，但他还是要知其不可为而为之，他耐心地步步为营，朝自己的终极目标进发。吉本斯曾经做过九年的律师，在诉讼辩护方面经验丰富，他找来自己的律师，把自己的想法和具体辩护技巧教给他。

在法庭上，吉本斯的律师是这样辩护的：纽约州制定的蒸汽船垄断性法规与美国宪法中关于贸易的条文是相违背的，不仅纽约州，各州的法律效用都没有道理凌驾于国家法律之上。更何况，吉本斯获得过国家机关颁发的联邦海岸航行许可，所以，从国家法律层面上说，吉本斯有权在美国的任何一片水域航行，纽约州也包括在内。

判决结果依然如吉本斯所料，法院支持约翰和奥格登。从后来的事情发展来看，这只是个开场戏，真正的好戏还在后面呢。时间到了当年年末，吉本斯再次向纽约法院上诉。这样的举动不禁让人目瞪口呆，不明白其中玄机的人或许会认为吉本斯得了神经错乱，但是约翰和奥格登以及纽约法院的法官们却不糊涂，他们看出吉本斯究竟想干什么了。

如果吉本斯连续两次在地方法院败诉，那么他就有理由向美国最高法院提出上诉，而一些国家高层官员一直对各州的权力太大有异议，如果美国最高法院受理了此案，那么纽约州法院的判决极有可能被推翻。这就是吉本斯的终极目的。既然已经明了对手的意图了，约翰和奥格登以及支持垄断的人开始琢磨对策，最后发现只有一个办法了，就是拖延判决时间。

如果吉本斯的这次上诉没有得到判决，那么他就没有理由惊动最高法院。纽约州法院把这个案子压下，不动声色地拖着。不动声色的还有吉本斯，他知道纽约州法院故意拖延，但这种拖延不可能是无限期的，他并不担心。吉本斯开始与国家司法界的人士沟通，默默地为最后的决战作准备，他信心满满，奥格登是在劫难逃了。

3. 自由竞争时代的来临

从1801年起，来自弗吉尼亚的马歇尔开始担任美国高院的首席法官，对于各州法律时常将国家法律置于尴尬的境地，他十分反对并希望能改变这样的情况。马歇尔的弟子韦伯斯特可以说是美国最优秀的宪法律师，他与老师的政治观点十分接近。

吉本斯在1819年12月给韦伯斯特写了一封信，在信中吉本斯说明了事情原委，如果纽约州法院判决吉本斯败诉，他请求韦伯斯特能在自己向最高法院上诉时助一臂之力，并担任自己的辩护律师。韦伯斯特很快回信，答应如果有需要，可以接手这个案子。

一个月后，船长范德比尔特出现在首都华盛顿，他这次背负着一个光荣的任务——代表吉本斯去会见韦伯斯特和司法部长威廉·沃特，沃特是吉本斯的好朋友，不久前升任到这个职务。临行前，吉本斯交给范德比尔特两张五百元的现金支票，嘱咐他分别送给沃特和韦伯斯特，作为这两位重要盟友的活动经费。

范德比尔特与韦伯斯特见面后，说明自己受吉本斯先生的委托，前来商谈具体合作事宜，在两个人的整个谈话过程中，他们似乎很谈得来，或许是因为都出身于贫苦家庭吧。在后来韦伯斯特与吉本斯的通信中，韦伯斯特夸奖范德比尔特是一个值得信任的助手，吉本斯委托他来洽谈事务真是明智的选择。

纽约州法院一直把吉本斯上诉的案子拖着，到了1823年6月，法院在时隔两年半后终于判决吉本斯败诉，盼望已久的时刻终于来临。此时，吉本斯已经66岁了，他的身体情况每况愈下，在给司法部长沃特的信中，他这样写道："我希望能够在有生之年为了胜利而欢呼，所以，我恳请您尽力催促审判员，早一点对这个案子进行判决。"

虽然吉本斯这样迫不及待有他的私心，但是在客观上，他的确代表了一个群体的利益。对于各州在本辖区内实行的蒸汽船垄断法令，成千上万在被垄断地位上经营蒸汽船的中小商人一直心怀怨恨，他们都在翘首期盼不受限制的自由航行。这个群体汇集在一处，变成了吉本斯的民意支持基础。

吉本斯同样写信催促辩护律师韦伯斯特，文字写得十分煽情，称在纽约州冷酷的法律打压下，那些备受折磨的人们急需韦伯斯特出手拯救。吉本斯还把即将提出的议案做了规范的阐释，即当各州制定的贸易法规与美国宪法中的贸易法规相互冲突时，应以美国宪法为处理依据，宪法的法律效力必须在州立法律之上。

为了应对这个案子，奥格登请了一个辩护律师，名字叫奥科利，此人是美国名牌大学耶鲁大学毕业的。在随后开始的庭审辩论阶段，奥科利首先对宪法中关于贸易的条文做了分析。美国宪法中有这样一条"国会对进出口贸易、各州之间的贸易、与印第安部落的贸易拥有监管的权力"，奥科利声称，纽约州制定的蒸汽船航运法规既没有涉及进出口贸易，也没有涉及与印第安部落的贸易。

随后，奥科利继续说道，所谓蒸汽船的航运限制也只是规定了在本州内的航行线路，并没有超出纽约州本州的范围，因此，宪法中的"各州之间的贸易"一词并不适用于这里。既然宪法并没有明确国会关于州内航运的监管权，那么纽约州制定的州内航运活动监管法就是有效的，而且国家也应该尊重这种有效力的州内法规。

针对奥科利的论调，韦伯斯特迅速地作出反击。他说，蒸汽船垄断法令虽然只在各州州内施行，但已经严重阻碍了各州之间的贸易往来。而且，蒸汽船航运也属于贸易的范围，为了使各州之间的贸易畅通无阻，国家有权也有义务对此进行监管，纽约州的法律既然违背了这一宗旨，就是侵犯了宪法的至高无上的地位，纽约州授予的蒸汽船垄断许可也同样是不合乎法律的。

1825年春天，美国最高法院首席法官马歇尔宣布了判决书，该判决书可以说是韦伯斯特庭审辩论的官方化翻版，总结起来一句话，即纽约州无权限制非纽约州的蒸汽船的航运自由。这样的判决结果可以说是在吉本斯的意料之中，从时代大背景来说，这也是社会经济发展的必然趋势，蒸汽船航运自由竞争的时代来临了。

不仅仅是纽约州，其余各州制定的本州蒸汽船垄断性法令瞬间变成了废纸，地方法院从此也不再插手蒸汽船业主之间的生意争斗了。对于习惯了仇视对手的吉本斯来说，年迈的他并没有考虑自己的作为对国家经济有多大的贡献，奥格登的凄惨现状才是最使他兴奋异常的。为了打这场官司，奥格登的储蓄现款大部分花掉了，随着自由竞争时代的开始，他的生意被吉本斯和范德比尔特挤压得一团糟。

最后，这位曾经叱咤风云的成功人士因为债务问题被关进了监狱。仅仅过了一年，1826年5月，吉本斯因病去世，虽然他走在了奥格登的前面，但是想象着奥格登在监狱里度日如年，恐怕吉本斯在临终前都是微笑着的。1829年，美国政府通过了一项法律，即为美国独立战争出过力的老兵，即使存在债务问题，也不得对其关押，奥格登本人是适用于这一法案的，熬过了三年凄凉的狱中生活，他终于重见天日了。

此时的奥格登已经没有实力东山再起了，或许从他的内心来说，他也不想再搅入任何竞争之中了，奥格登找到了一个收税员的普通岗位。从1830年起，他一直默默地做着自己的本职工作，1839年，奥格登平静地离开了人世。当所有的过往烟消云散后，留给人们的只是一丝唏嘘。其实，历史上这样的争斗简直不计其数，不论谁输谁赢，留下来的都只是一段传奇故事，而人们又往往会对失败者加以同情，设置各种如果的可能性。

第四章 从奴才到主人

1. 选择离开

吉本斯本来有两个儿子一个女儿，女儿及女婿特朗布尔早已被宣布剥夺了继承权，两个儿子中的一个不幸离世，这样，吉本斯把所有的财产留给了唯一的儿子威廉。吉本斯在遗嘱中把自己的财产罗列出来，蒸汽船、帆船、庄园、农场、山庄、房产、土地、股票、银行储蓄、金器银器、库藏美酒、家具、手下控制的黑奴，并写明这些统统归威廉所有。其实，这份遗嘱如果简单地写，只一句"由威廉继承我全部的财产"就可以了。

吉本斯写得这样详细，更像一个财产清单，或许吉本斯是在通过这样的方式回味自己的一生，看一看究竟取得了多大的成就。当然，这是1826年发生的事情，而在1824至1826这两年的时间里，吉本斯虽然预感到自己已时日不多，却依然十分活跃地经营航运生意。在最高法院没有宣布判决的那些天，吉本斯的蒸汽船并没有遇到多大麻烦，虽然偶尔会有一点小摩擦。

1824年春天，范德比尔特又帮助吉本斯设计了一艘大型蒸汽船，比先前的"贝娄纳号"还要大，该船取名为"大蓟号"。范德比尔特担任"大蓟号"的船长，"贝娄纳号"和"耗子号"的船长也由范德比尔特直接指挥，"大蓟号"替代了"贝娄纳号"，成为往返新伯仑兹威克和纽约的主力蒸汽船，而"贝娄纳号"的任务是在"大蓟号"需要休养时补它的缺，是替补船。

"耗子号"的航行线路变更了，开始与曾经合作过的汤普金斯展开竞争，在纽约曼哈顿和史坦顿岛的斯特普尔顿两地间跑起了船运，曾经的好朋友变成了对手，不知道汤普金斯和德弗瑞斯特心中作何感想。

范德比尔特为吉本斯的这三艘蒸汽船制定了票价和轮渡时刻表。同时，后勤工作和人事工作也由他负责，主要包括采购蒸汽机需要的煤和木头，维护蒸汽船的清洁与设备情况，管理日常消费品的供应，在新泽西州和纽约州的平面媒体上刊登本公司的广告。所有这一切，范德比尔特都会事先做好预算，并在实际操作中尽力不超出预算，人事管理方面，船员的聘用和解聘也完全由范德比尔特作决定。

在新伯仑兹威克至纽约的这条航线上，接连出现了三个强劲的对手——公民运输公司、哥伦比亚运输公司、换乘运输公司。其中后两者与吉本斯的航线几乎完全一样，尤其是换乘运输公司，它是这三个对手中实力最雄厚的一个，在航速、票价和乘船舒适度上都做得非常好，对吉本斯的航运生意形成了巨大威胁。在吉本斯的蒸汽船里，只有"大蓟号"在硬件条件上可以与换乘运输公司的"立法号"相抗衡。

"立法号"可以说是换乘运输公司的旗舰，该公司打出的广告将其形容为可以快速移动的水上宾馆，在航速上也是小型蒸汽船望尘莫及的。范德比尔特指挥的"大蓟号"从新伯仑兹威克出发的时间是每天的早晨，而换乘运输公司考虑到早晨出行的人不多，因此，"立法号"大多是在中午时分起航。虽然竞争激烈，但还没有出现两条船同时等待乘客的局面。只有在"贝娄纳号"做替补时，"立法号"才会依仗自己的实力当面竞争。

索菲亚已经做了6年的客栈老板娘了，在这一年的春天，她决定对贝娄纳客栈进行扩建工程，当然，这要请示吉本斯。因为客栈连年稳定盈利，吉本斯很高兴地答应出资改建客栈。改建后的客栈面貌一新，门面宽度12米，建筑纵深10米，除了扩大屋内酒吧的面积，还增加了客房，3层楼共有14间客房。

贝娄纳客栈是紧邻哈德逊河的，为了给住店的客人提供眺望风景的舒适休闲场所，索菲亚在原有一个小露台的基础上，将它扩建为一个可容纳许多人休息的大露台。全部改建活动共用了接近3000美金，由吉本斯来买单。范德比尔特的年薪已经提高到3000美金，汇合贝娄纳客栈年利润的分成，这一家人的收入还是很不错的。

威廉·亨利·范德比尔特就是在这个客栈出生的。1821年，他已经三岁了，索菲亚既要打理生意，还要照顾年幼的孩子。范德比尔特虽然不喜欢这个儿子，但多年以后，因为没有更好的继承人选，只好把自己的绝大部分财产给了威廉·亨利，当然，这是后话了。

1825年一开始，换乘运输公司的"立法号"变更了时刻表，起航时间与范德比尔特的"大蓟号"一样。这样做是被迫的，因为当"立法号"与"贝娄纳号"当面竞争时，范德比尔特就命令"贝娄纳号"免费拉客，同时提供免费的食物和饮料，"贝娄纳号"船小，运营成本低，即使全部免费也撑得住，可"立法号"因为运营成本高没有能力跟着打价格战。

最后，换乘运输公司决定，与其陷入"贝娄纳号"的泥潭，还不如直接和"大蓟号"竞争，"大蓟号"的运营成本和"立法号"大致相当，即使打价格战也不会把自己弄得焦头烂额。可惜，换乘运输公司的老板棋差一招，他竟然没有注意到吉本斯除了这条航线还有联运服务。如果打起价格战，吉本斯只会少些利润而不会亏损，而换乘运输公司只有这一条航线，也可以说是生命线，一旦降价，简直是自寻死路。

果然，范德比尔特将"大蓟号"在纽约和新伯仑兹威克之间的票价削减到每人三毛钱，"立法号"面对这种情况只得亏本航行。"大蓟号"在把乘客运到新伯仑兹威克后，还有到费城方向的联运业务，包括公共马车和渡船，吉本斯的雄厚实力让他在此次竞争中占尽了上风。

如果继续拼价格，换乘运输公司早晚会垮掉，经过内部商议，他们决定拼速度，命令"立法号"的船员加大蒸汽动力，确保在航行时超过吉本斯的船。问题很快出现了，在这一年6月的一天，"立法号"停泊在纽约港的码头上，船员为了防止蒸汽损耗，把蒸汽机锅炉的安全阀门关闭了，转眼之间，锅炉因为无法承受巨大的蒸汽压力而爆炸，当场造成死亡四人伤三人的惨痛后果，这七人都是船上的工作人员。

这次事故一传十、十传百地在码头上传开，这让许多乘客心生畏惧。虽然几天后"立法号"修好了又重新运营，但没有多少人愿意冒险了，与其胆战心惊地坐"立法号"，还不如去坐既实惠又安全的"大蓟号"。换乘运输公司的日子一天不如一天，可是还在顽强抵抗，直到吉本斯病逝后，换乘运输公司终于耗尽了最后一点气力，无奈地宣布了退出。

范德比尔特从1818年起为吉本斯工作，至此已经八年。吉本斯的儿子威廉继承父职，担任联合交通公司的总裁，范德比尔特继续为威廉效力，经营纽约和新伯仑兹威克这条线路。吉本斯在世的时候曾承诺把部分股权以合理价格卖给范德比尔特，如果这个承诺实现，范德比尔特就不再只是蒸汽船的管理者，而是资源的拥有者。

如果不能实现，那范德比尔特即使拿到的薪水再多，也只是一个吉本斯家族手下的打工仔。

吉本斯虽然去世了，但威廉有责任兑现他父亲的承诺，也正因为这个希望，范德比尔特继续兢兢业业地工作，同时，他也在竭力地积攒资金。同年5月，范德比尔特再次为公司设计了一艘大型蒸汽船，船上的各种设备均是第一流的，全部造价在当时的造船业里也是首屈一指，该船被命名为"翡翠号"，由范德比尔特担任船长，仍然以纽约和新伯仑兹威克为航线。

7月的一天，早晨五点钟，在新伯仑兹威克的码头上，美国第六任总统亚当斯带着随从登上了"翡翠号"，亚当斯总统准备坐船去纽约曼哈顿，这可以说是范德比尔特载运过的最尊贵的客人。前一天晚上，亚当斯总统和随从就住在索菲亚的贝娄纳客栈，他对那里的款待十分满意。

为了表示重视和不出差错，这一次范德比尔特站在驾驶舱里亲自驾驶，可惜这一回老天爷似乎在和范德比尔特作对，"翡翠号"在航行途中搁浅了三次，最后到达曼哈顿时已经是中午，比预定到达时间晚了整整两个小时。习惯记日记的亚当斯在日记里写下了当天的遭遇，这样的尴尬场面对于脾气暴躁的范德比尔特来说，不知他会如何发泄怒火。

"翡翠号"在联合交通公司的蒸汽船里是最好的一艘，不过，它的生命很快在新伯仑兹威克的码头上终结了。秋天的一个晚上，范德比尔特命令船员把"翡翠号"停泊在码头上，自己就回到贝娄纳客栈的家里，码头离客栈非常近。不知是什么原因船上突然起火，船员们惊慌失措，又没有人指挥救火，大家纷纷逃了出来。

范德比尔特正在家里熟睡，等被人叫醒后听闻"翡翠号"失火，他穿着一身睡衣跑了出来,可惜此时的火势已经无法控制,为了避免殃及到停在附近的船,他和船员一起动手解开缆绳,燃着烈焰的"翡翠号"飘离了码头。几天后,这艘船的残余部分用作了防浪堤坝的护基,被沉入水底,"翡翠号"就以这种方式完成了它的使命。更让人难过的是,"翡翠号"没有上保险,这就意味着造船花费的75000美金要由联合交通公司自己承担,这是一笔巨大的损失。

1827年初,联合交通公司新建的另一艘更加先进的蒸汽船"天鹅号"下水试航。在"天鹅号"建好之前的那段时间里,新伯仑兹威克至纽约的线路由"大蓟号"和"贝娄纳号"交替负责,因为这段时间里没有什么竞争,客源爆满,这两艘船实际上是在超负荷运作。

"天鹅号"服役之后,范德比尔特仍旧像以往那样忙着他的本职工作,索菲亚也把贝娄纳客栈管理得越来越舒适,范德比尔特每晚回到客栈和家人团聚,而且这对夫妻的收入也相当令人羡慕,这样的生活是当时的许多人所向往的。

可是,在范德比尔特的心里,他始终惦记着一件事情,那就是吉本斯的承诺——现任总裁威廉何时才能把它兑现。到了1828年,范德比尔特在联合交通公司服务十年了,已经是元老级的人物,他此时最大的愿望就是购买股权,做自己的主人。

可恨的是,威廉食言了,他甚至没有通知范德比尔特一声,就把自己的股权公开出售。因为吉本斯曾答应范德比尔特以合理的价格购买股权,这里面的"合理的价格"指的就是市场正常价格。而威廉搞的这一手明显是想通过公开拍卖的形式捞到更高的价格,他竟然没有顾念到范德比尔特与吉本斯家族的情分。威廉把股权的售价定为40万美金。

范德比尔特在这些年里一共积攒了30万美金的储蓄,虽然还差十万美金，但是范德比尔特完全可以用融资的方式补上这个缺口。就在一些购买者跃跃欲试的时候，范德比尔特却放出风来，如果联合交通公司的总裁由别人担任，那么自己将会另谋出路，不再为联合交通公司效力。这样的威胁很快见效了。

虽然花40万美金就能把股权买到手，而且能当上联合交通公司的总裁，但是如果范德比尔特离开，那么公司的一个主要支柱就撤掉了，生意是盈是亏还很不好说。因此，在局势不明朗的前提下，那些想投标的购买者采取了观望的态度。的确，新伯仑兹威克至纽约的客运服务一直由范德比尔特掌管，新伯仑兹威克的贝娄纳客栈一直由索菲亚打理，这对夫妻可以说是联合交通公司最有能力的管理者。

范德比尔特虽然有实力购买，但他不露声色，因为威廉毫不顾念情分。到了1828年夏天，威廉不得不取消了出售计划，因为没有人买。即使到了此时，威廉还是没有兑现父亲承诺的意思，范德比尔特觉得不能再指望威廉良心发现了，他准备站好最后一班岗，然后辞职，接着去开辟自己的新天地。"威廉给我上了很好的一课，是他教会了我：不要做奴才，要当主人。"这是许多年后范德比尔特与友人谈话时对此作的总结。

2. 哈德逊河上的博弈

威廉同意了范德比尔特的辞职，这无异于自毁长城，如果死去的吉本斯有能力，恐怕也会从坟里跳出来，骂他的儿子是一个愚蠢的浑蛋。我们也可以看出，在笼络人心方面，威廉比他的父亲吉本斯差远了,如果他能继承父亲一半的心智和谋略,他也不会那么早就退出蒸汽船航运的舞台。

1828年12月的一个冬晨,新伯仑兹威克的码头上寒风瑟瑟,妻子索菲亚、八个子女,还有全部家当,一起跟随范德比尔特登上了"天鹅号"蒸汽船。十年来,范德比尔特指挥蒸汽船无数次往返于新伯仑兹威克和纽约,但是这一天,他要搬家去纽约曼哈顿了,这是他最后一次做"天鹅号"的船长。以范德比尔特坚毅果敢的性格来说,这样的场景可能真的不会让他难过。可是对于索菲亚和八个孩子来说,这无异于离开温暖的家,被迫去往一个充满未知数的地方。

10年来,索菲亚用双手建立起贝娄纳客栈的业务,通过年复一年的努力才有了今天的规模,这是她心血和汗水的结晶。孩子们在附近的学校上学,放了学就到河边玩闹,有时在树林里和小朋友捉迷藏,母亲很忙时,年纪大的还能尽其所能帮助母亲。在孩子们的头脑里,客栈、河流、森林、农庄等事物交织成一幅图景,这就是他们对世界的认知。

"天鹅号"缓缓离开码头,特意赶来道别的朋友还站在那里,他们的身影变远变模糊,还可以望得见客栈的烟囱冒着烟,许多令人抑郁不堪的日子里,每当范德比尔特用冷冰冰的面孔和粗暴的言语对待妻子时,唯有这个客栈能够安抚索菲亚柔弱的心灵。虽然有千般不舍万般无奈,但终究是要离开的。

"天鹅号"驶抵纽约,范德比尔特和家人下船,联合交通公司和他没有什么关系了,不知道范德比尔特会不会回头,留恋地望一眼那艘熟悉的船。他们全家搬进了曼哈顿区一处条件极差的出租屋内,有三个房间,勉勉强强能容下这一家子人,而且孩子们不会有自己单独的卧床。这个出租屋每年的租金是一百美元，周围的邻居都是靠码头混饭吃的体力工人，可以想见环境十分嘈杂。

价钱便宜是范德比尔特选择住在这里的唯一原因，虽然他已经拥有30万美金的存款。而就在距离出租屋不远的另一条大街上，花300美元就可以在新建成的出租别墅里住上一年，这种对比让人有些不知所措，难道每年多拿出200美元会让范德比尔特生不如死吗？只能说范德比尔特没有考虑过妻儿的生活环境，能省则省是他的信条，为了开创事业，他把好丈夫和好父亲的角色全部抛在脑后了。这样的冷漠和执著，使人崇拜至极，同时又令人恨之入骨。

范德比尔特曾经预言：如果威廉聘请不到新的有能力的管理者，那么联合交通公司不久就会遇到麻烦。他的预言成真了。因为新提拔上来的管理人员缺乏执行力，也不用心压低成本，公司的利润日渐萎缩。仅仅过了半年，即1829年6月，威廉把自己的股权和蒸汽船一股脑儿地卖掉了。一年前，他还标注40万美金的价格，如今，威廉只得到了那个钱数的一点零头，也正应了中国的那句俗语"活食不吃，偏吃死食"。

恐怕过世之前的吉本斯也没有预想到，威廉会这样快地就把他的家业败光。史迪文用低价买下了"天鹅号"蒸汽船和贝娄纳客栈以及威廉的那些股权，他开始担任联合交通公司的新任总裁。范德比尔特一边嘲笑威廉的愚蠢，一边筹划着自己要做的事情，他也从威廉那里买了两艘蒸汽船，一艘是再熟悉不过的"贝娄纳号"，另一艘型号小一些，为了纪念在新伯仑兹威克失火的"翡翠号"，这艘小蒸汽船也取名为"翡翠号"。

在此之前，当年的初春，范德比尔特委托造船厂建造了一艘"公民号"蒸汽船，这是一艘和"天鹅号"同等规格的大型蒸汽船。这样，范德比尔特已经拥有了三艘船——"翡翠号"、"贝娄纳号"、"公民号"。他以此为基础，注册成立了"速遣运输公司"。范德比尔特就此成为蒸汽船运营老板中的一员，终于有机会大显身手了。

范德比尔特的速遣运输公司和史迪文的联合交通公司成了竞争对手，因为他们的航线大部分是重叠的。"公民号"和"贝娄纳号"依旧以纽约和新伯仑兹威克为往返地点，中途停靠史坦顿岛和伊丽莎白，"公民号"由范德比尔特亲自指挥，"贝娄纳号"的船长由范德比尔特的堂兄弟约翰担任，"翡翠号"主要在特拉华河流域活动，由一位意气风发的下属指挥。

因为有先前十年的实际操作经验，范德比尔特管理起公司来可谓驾轻就熟，他特别重视联运业务，因为当年的换乘运输公司就是没有联运业务而被价格战拖垮的。为了增加至费城和特伦顿方向的联运业务，范德比尔特费尽周折，苦口婆心去沟通，终于有几家公共马车公司与速遣运输公司订立了合作关系。

联合交通公司的总裁史迪文眼见范德比尔特一天天发展壮大，决定先发制人，以率先降价的手段逼迫范德比尔特与他打消耗战，目的是依靠雄厚的实力拼垮范德比尔特。因为资金有限，范德比尔特并没有跟着降价，他也清楚史迪文想干什么。如果要让乘客接受自己相对高额的票价，就必须有合理的借口。

于是，范德比尔特这样做起了广告——速遣运输公司的乘客都是有身份的体面人，整套服务也如同高档酒店一样，是高端阶层的享受。可是，乘客根本不买范德比尔特的账，只要能节省花销，没有人会在意同船的人是绅士还是流浪汉。

到了当年秋天，范德比尔特开始降价，新伯仑兹威克至纽约的票价仅为几分钱，乘客还可以免费吃一顿饭。纽约至费城的票价为一块钱，和史迪文的价格一致。这次的降价有一部分是因为史迪文的压迫，另外的原因是范德比尔特自己也想这么做，既然史迪文不让自己好过，那就谁都别过好，这明显是一种奉陪到底的"无赖"精神。

以范德比尔特目前的实力，根本不可能独占纽约至新伯仑兹威克和纽约至费城这两条航线，而这两条航线却是史迪文所看重的，范德比尔特的筹码就是史迪文不会因小失大，不会为了面子而不顾公司利益。这样的消耗战进行了一年，联合交通公司就像一头被蚊子骚扰的公牛，虽然体型庞大却疲惫不堪。最后，史迪文率先抛出了橄榄枝，如同他率先降价一样。

只要范德比尔特退出纽约至费城的线路，史迪文答应一次性付给他10000美金，而且今后每年还有一定限额的补偿费。范德比尔特心满意足地接受了，不再涉足纽约至费城的业务，只保留了曼哈顿至伊丽莎白的客运。此后，范德比尔特开始把注意力集中在哈德逊河流域，打算在那里长期经营。

范德比尔特又买了一艘二手的蒸汽船，这艘船的船长布鲁克斯也跟过来在范德比尔特手下工作。布鲁克斯的驾驶本领十分过硬，他的师父就是范德比尔特的堂兄弟约翰，这样，这对师徒聚在范德比尔特的身旁，活跃在长岛海湾和哈德逊河流域。范德比尔特规定蒸汽船在星期天也不休息，这让布鲁克斯十分为难，因为他是一个教徒，而在基督教的教规中，星期天是安息日。

为了宗教信仰，布鲁克斯选择辞职，人们都以为范德比尔特不会挽留他，因为范德比尔特极少迁就别人，同时他对宗教也没什么兴趣。出人意料的是，范德比尔特又把布鲁克斯请了回来，不仅答应在星期天给他放假，还提高了他的薪水和职务，这在范德比尔特与雇员的关系史上也是比较罕见的一幕。

对于哈德逊河流域，范德比尔特是再熟悉不过了，早年他经常驾驶帆船在这里跑货运，与许多批发商和码头主一直保持着朋友关系。凭借着对地理水文的熟悉和良好的人际关系，范德比尔特的四艘蒸汽船开始全力经营生意。

早在1815年，史迪文就开始涉足铁路领域，那时的蒸汽机车还处于刚起步阶段。在那一年里，史迪文旗下的新泽西铁路公司获得了修建铁路的特权，授权线路为特伦顿至新伯仑兹威克，但因为资金缺口的问题没有得到解决，所以史迪文迟迟没有开工。1825年，史迪文对早期的蒸汽机火车头进行了完善，还进行了试车实验，改进后的火车头可以牵引多节车厢。

到了1830年，史迪文对蒸汽机车的兴趣越来越大，他的注意力已经从蒸汽船上移开了。但是史迪文的几个儿子却抢在范德比尔特的前面，成立了北河运输公司，并很快成为哈德逊河船运的龙头老大。可以想见，当时的市场竞争是十分厉害的。但是，蒸汽船航运还是给范德比尔特带来了很可观的利润。1831年夏天，范德比尔特用盈利的钱又买了一艘新造的蒸汽船——"灰姑娘号"，这是一艘适宜于在哈德逊河快速航行的小吨位轮船。

值得一提的是，范德比尔特的弟弟汉德也在哈德逊河经营蒸汽船，汉德和当地的一位乡绅范沃特共同投资了一艘蒸汽船"杰克逊将军号"，两人各拥有50%的股份，具体指挥驾驶由汉德负责，所以，人们称呼汉德为"杰克船长"。"杰克逊将军号"主要在哈德逊河东岸航行，路线为曼哈顿至皮科希尔，两地相距72千米。

汉德指挥的这艘船从一开始就与北河运输公司展开竞争，竞争的目标主要集中在航行的速度上，让人担忧的是，汉德有些心浮气躁，并不像他哥哥那样胆大心细。为了提高航速和追赶时间，汉德手下的船员把安全条例抛在脑后，常常把锅炉的通风口和安全阀门关掉，同时船上的压力检测仪也没有人监管。这样的一味追求效益而又缺乏保障是迟早要出问题的。

同年的6月，也就是范德比尔特购买"灰姑娘号"的前后，"杰克逊将军号"的锅炉发生爆炸。幸运的是，这一天汉德不在船上，驾驶轮船的是另一位股东范沃特。可怜的范沃特和另外13个人当场遇难。几天后，在伤者中又有几人医治无效死亡，这成了那个年代最为惨痛的蒸汽船事故。在此前后，蒸汽船爆炸也有发生，虽然这在科学技术的发展史上是很难避免的，但从追逐利益的角度来说，它暴露了蒸汽船客运竞争的某种野蛮性质。

"杰克逊将军号"在爆炸中几乎成了废船，不过还可以重建整修。在此期间，范德比尔特把他的"灰姑娘号"拉到这里，顶替了"杰克逊将军号"，成为曼哈顿至皮科希尔这条航线的主力船。遇见如此好的机会，范德比尔特自然要提高票价，打算美美地捞一笔。同时，由于范沃特在事故中丧生，他的后代又无心经营，便把"杰克逊将军号"的那一半股份低价卖给范德比尔特，虽然那艘船还在修复之中，但已经是范德比尔特和汉德兄弟俩的共同资产了。

到了当年8月份，一个名叫丹尼尔·德鲁的人开始找范德比尔特的麻烦。德鲁出生于1797年，在纽约地区的一个农场长大，十岁的时候，他就做起了马戏团的搬运工。1812年，第二次英美战争爆发，当时为了招募兵员，美国政府有这样的政策——凡愿意加入军队的可获100美元的奖励。

德鲁在此诱惑下参军入伍，幸好他所在的部队一直担任守备任务，并没有和英军正面交战。战争结束后，他开始倒卖牲畜，从纽约郊区的农民手里买牛，然后赶到城里的市集上，按重量卖给肉类批发商。德鲁被人称为"无耻的骗子"，这是因为他在去集市的路上，故意给牛吃海水浸过的干草，因为含盐量大，牲畜会十分口渴。在到达集市前，他又把那些牛带到河边喝水，牛因为口渴会把胃喝饱，这样就临时增加了重量，而德鲁就能从这方面多赚一点钱。

许多年以后，德鲁伙同古尔德与菲斯克两个金融天才，在华尔街的伊利铁路股票囤积战中狠狠地涮了范德比尔特一把，使用的手段就是"掺水股票"，如同此刻他给牛灌水一样。

虽然很多时候，德鲁的手段堪称下流，但不能否认的是，他在经商方面是有很高的天赋的。他本人也经常搭乘范德比尔特的船，并且注意到，很多当地人对范德比尔特利用优势提高船票价格的举动十分不满。德鲁觉得这是一个商机，他开始鼓动认识的人投资，自己也拿出一些钱，联合起来购买了"水巫号"蒸汽船的半数股份，另一半股份由一个叫史密斯的人持有。

"水巫号"开始航行，与范德比尔特的船竞争，并在当地的各大报纸上刊登了发船时刻表。两家的价格战就是用降价的方式逼对方退步，大风大浪里走过来的范德比尔特是不可能让步的，更何况自己已经拥有相当的实力做后盾。最后，曼哈顿至皮科希尔的票价仅为一角多钱，范德比尔特与德鲁都是在亏本航行，到了第二年春天，德鲁和史密斯扛不住了，把"水巫号"蒸汽船卖给了范德比尔特兄弟。

对于那些投资的个人，德鲁甚至没有把本钱还给他们，因为投资时没有签订正式合同，他完全可以赖账，这也证明"无耻的骗子"这个绰号用在德鲁身上是很恰当的。这之后，因为害怕被报复，德鲁在很长一段时间里也是东躲西藏，日子并不好过。不过，德鲁是不会悔改的，他的一生就是一错再错，无休无止。

范德比尔特把"水巫号"蒸汽船让给了弟弟汉德，这艘船开始去别的区域工作。重新得到了曼哈顿至皮科希尔航线的霸主地位，范德比尔特再次把票价提高到与德鲁竞争前的水平。在利润不断积累之中，范德比尔特又把曼哈顿至奥尔巴尼定为新的开拓目标。不过，这条航线此时正是哈德逊河蒸汽船协会的摇钱树，一旦与其竞争，就又要打起令人头疼的价格消耗战。

但是，范德比尔特当年成功地骚扰了史迪文，并敲诈到一笔资金。如今，他决定用同样的手段，等待对手花钱求他出局。哈德逊河蒸汽船协会的骨干是史迪文的两个儿子罗伯特和詹姆斯，还有其他一些蒸汽船业主和社会人士共同组成。该协会的名下共有十艘蒸汽船，如果打起价格战，那几个完全依靠协会生存的会员将损失惨重。

当然，罗伯特和詹姆斯不在此列，因为庞大的史迪文家族集团在别处的收益远远超过这里。所以，该协会一旦面临挑衅，其内部会因为利益问题而产生分歧，到那时，范德比尔特的机会就来了。这种类似的机会在以后的各种竞争中也出现过，而且每一次都被范德比尔特揪住对方的破绽，使其土崩瓦解。

范德比尔特卖掉了两艘蒸汽船，其中一艘是他的老伙计"贝娄纳号"，他用卖来的钱新建了一艘大型豪华的蒸汽船，名为"威斯彻斯特号"。"威斯彻斯特号"在1832年5月正式下水航行，往返于纽约曼哈顿和奥尔巴尼，范德比尔特与哈德逊河蒸汽船协会的对抗赛也就此拉开大幕。

"威斯彻斯特号"虽然是哈德逊河上最大的蒸汽船，但面对实力强劲的协会，仍然处于劣势地位。没过多久，范德比尔特委托造船厂又造了一艘与"威斯彻斯特号"同等规格的蒸汽船——"合作号"，船上设有舒适的躺椅和座椅，有休闲娱乐的酒吧，还在航行途中提供精致可口的食物。1833年，"合作号"投入曼哈顿至奥尔巴尼航线，与"威斯彻斯特号"并肩作战。

在竞争没有开始之前，哈德逊河蒸汽船协会把曼哈顿至奥尔巴尼的票价定为三块钱，与范德比尔特开战之后，票价不断下调，直到最后双方开始免费载客。范德比尔特的票价虽然是免费的，但在他的两艘船上，酒水和食物是要花钱买的。范德比尔特算了一笔账，无论"威斯彻斯特号"还是"合作号"，从曼哈顿到奥尔巴尼往返的运行成本是400美元，单程成本就是200美元，这笔费用是不算多的，酒水和食物的收益就能填补这个缺口。

所以，范德比尔特赚不到钱也不会赔钱，在与协会的对抗中可以长久支撑下去。另外，他的皮科希尔航线和先前保留的伊丽莎白航线一直在正常运作，这两条航线每年为他提供了丰厚的利润，有这个做后盾，范德比尔特面对奥尔巴尼航线的竞争越来越从容自信。

范德比尔特的家里已经有了九个孩子，索菲亚还正在怀孕期间，第十个孩子也快降生了。为此，索菲亚的姐姐简来到曼哈顿帮助妹妹照顾年幼的孩子。在这一年的年末，范德比尔特出了事故，一个未来的铁路大亨第一次坐火车就出了事故，总会让人哑然失笑。

事件的经过是这样的，因为对史迪文的铁路项目感兴趣，范德比尔特登上一列早班火车，当火车以每小时40千米的速度在新泽西的土地上驰骋时，范德比尔特的心中充满了惊讶，就在他欣赏着窗外风景盘算未来的发展计划的时候，机车的一个轮轴突然脱离，这导致他所在的那节车厢发生了侧翻，铁路旁边是十一米高的路堤，范德比尔特被巨大的惯性甩了出去，又摔到路堤下面。

他的肺部受了很严重的内伤，而且断了三根肋骨，相比于当场死亡的乘客，他这种情况还算是好的。索菲亚因为有身孕无法来照顾丈夫，她的姐姐简便来到新泽西护理范德比尔特。经过了近一个月的治疗，范德比尔特伤情好转，在简的陪护下回到了曼哈顿的家中，开始了康复疗养。

虽然身体还没有完全好，但是范德比尔特仍继续工作，因为和哈德逊河蒸汽船协会的较量还没有结束。1834年上半年，他把"威斯彻斯特号"卖给了德鲁，也就是那个无耻的骗子。随后，范德比尔特用卖来的钱做首付，委托造船厂造了两艘新船，并整合成立"人民运输公司"。这个公司名字被范德比尔特解释为代表人民的权益与顽固势力竞争到底，一场普通的生意争斗被他抬高到了使命感的高度，虽然有些夸张，但乘客们很喜欢这个名字。

在奥尔巴尼航线上，范德比尔特增加了轮船往返的频率，每天他的蒸汽船都从曼哈顿和奥尔巴尼两个地方同时对开。这样的情况又持续了几个月，如同前面说过的那样，除了史迪文家族的罗伯特和詹姆斯，哈德逊河蒸汽船协会的其他会员损失惨重，他们开始谋求妥协。到了当年12月，那些人与范德比尔特达成协议，而且协议是以罗伯特的名义签订的。

范德比尔特答应在1834年至1844年的10年内不在哈德逊河经营蒸汽船，作为条件，协会付给他10万美金，而且今后每年还有5000美元的补偿费。虽然得到好处的范德比尔特宣布退出哈德逊河，但哈德逊河蒸汽船协会的麻烦又接着来了。德鲁先前从范德比尔特手里买下了"威斯彻斯特号"，正在寻找商机，发现范德比尔特依靠打价格战获得了如此多的好处，德鲁决定也尝试一下。

　　范德比尔特的人民运输公司已经解散，德鲁依靠"威斯彻斯特号"重建了人民运输公司，并开始与哈德逊河蒸汽船协会较劲儿。最后，德鲁终于如愿以偿，他得到了一笔50000美元的现款，每年还有10000美元的补偿费，条件是退出竞争。有了范德比尔特和德鲁的榜样，此后，又有许多人模仿这一做法，也都得到了好处。

　　当时的报纸这样评论道："这个城市里有这样一种奇怪的现象，一些蒸汽船业主不需要做什么事情，他们每天悠闲自在地在大街上闲逛，任凭他们的船在船坞里生锈。只要不打价格战，他们每年就能从哈德逊河蒸汽船协会那里得到5000至10000美元的收益。"

　　范德比尔特是不会闲逛的，如果换成他的父亲康内留斯，不知道会有多满意那样安稳的生活。1830年，史迪文出钱使范德比尔特退出了费城航线，现在，他又退出了哈德逊河航线。当然，范德比尔特的脚步不会停止，他很快就瞄准了下一个活动区域——长岛海湾。这个地域他再熟悉不过了，童年的范德比尔特就曾站在老住宅的庭院里，眺望长岛海湾的风光。

3. 船运巨头

　　罗德岛州是美国各州中面积最小的州，其全称为"罗德岛与普罗威登斯庄园州"，面积为四千平方公里多一点，它的首府就是普罗威登斯。1776年5月，罗德岛独立法案在这个小城签订，这份法案比《独立宣言》的颁布还早了两个月，使得罗德岛州成为美国各州中最先脱离英国统治的州。

普罗威登斯位于普罗威登斯河的河口，纳拉甘西特湾的上端。这座城市始建于1636年，1680年建立了航运码头，从此经济开始迅速发展，成为一个重要的对外贸易基地。1830年，普罗威登斯的城市规格升级为市，在这一年，普罗威登斯至波士顿的铁路开始动工。从地理交通上说，普罗威登斯是纽约和波士顿的连接枢纽，从普罗威登斯到达波士顿只需一个小时的车程。

1835年，普罗威登斯至波士顿的铁路终于完全通车。这样，如果乘客想从纽约去波士顿，要先在纽约搭乘蒸汽船到普罗威登斯，再换乘火车到波士顿。范德比尔特瞄准的就是纽约至普罗威登斯这段蒸汽船航行线路，而长岛海湾是航行的必经之地。在航运的旺季时，乘客从纽约到普罗威登斯，每人要花8美元买票，这对于蒸汽船业主来说将是十分丰厚的利润。

在波士顿铁路线通车不久，范德比尔特的新型蒸汽船"来克星顿号"下水了，他开始经营纽约至普罗威登斯航线。有人恐怕会有疑问，为什么范德比尔特能迅速地投入新的航运？很简单，蒸汽船的活动经营是相当容易的，不像农场、工厂、铁路那样被局限于某一地域，这也是范德比尔特热衷于投资蒸汽船的原因。甚至在三年前，他就勘查了波士顿附近的水域，并开始尝试经营一段业务，效果非常好。

这说明，在退出哈德逊河之前，他就已经注意了这块水域，他的选择不是一时的心血来潮，而是有实地的考察和评估的。在"来克星顿号"投入之前，纽约至普罗威登斯航线只有一家公司在运营，这也是票价为什么会是8美元的原因，因为这家公司在没有竞争的条件下可以自主调高票价。这家公司名叫"波士顿和纽约交通公司"，旗下有六艘蒸汽船，总裁名叫格林内尔，波士顿及普罗威登斯铁路公司在格林内尔的公司也拥有股份。

格林内尔早年在美国与巴西之间做咖啡生意，积累了第一桶金之后，他与人合伙经营纽约至英国的国际航线，成为国际货运界的知名人物。虽然纽约至普罗威登斯的业务并不是他的重点，但因为利润既稳定又可观，格林内尔是不会把业务让给范德比尔特的。

范德比尔特的"来克星顿号"是一艘外形与功能完美结合的蒸汽船，它的造型巨大，但内部机械系统设计精巧，它的燃料消耗量只有相同规格蒸汽船消耗量的一半，这样的优势不仅使其节约了成本，也加快了航行速度，"来克星顿号"甚至被各大报纸宣传为世界上航速最快的船。

在当年6月首航后，范德比尔特亲自担任"来克星顿号"的船长，往返于纽约和普罗威登斯。在他的强势介入下，这段航程的票价从八美元降到四美元，乘客对此是欢呼叫好的，纽约报刊盛赞范德比尔特是美国最伟大的反垄断实践家。不久，因为生意事务缠身，范德比尔特请弟弟汉德指挥"来克星顿号"，这样自己可以抽出身来，统筹全局。

汉德在1833年至1835年这两年里驾驶"水巫号"蒸汽船，往返于曼哈顿和哈特伍德，他仿效哥哥的价格战策略，将这段航线的票价降至一美元，不仅吸引了大批乘客，同时也打击了盘踞此处的哈特伍德蒸汽船公司。接受哥哥范德比尔特的要求后，汉德把"水巫号"交给一个聘用来的船长，自己则投入纽约至普罗威登斯航线。

前面已经说过，格林内尔是不会轻易让范德比尔特得势的，

1836年开春，格林内尔的一艘新船"纳拉甘号"投入使用，这艘船的速度很快，但是稳定性差了一些，经常会受到海上风浪的影响。还有，"纳拉甘号"的机械系统与船体的设计也存在缺陷，因此，这艘船除了航行之外，最常去的地方就是修理厂。格林内尔原本"希望纳拉甘号"可以胜过范德比尔特的"来克星顿号"，现在来看，这个计划完全泡汤了。

1837年，范德比尔特又造了一艘新船，名为"克丽奥帕特拉号"，同样走纽约至普罗威登斯航线。这样，孤军奋斗了两年的"来克星顿号"可以减轻些负担，两艘船交替工作，每航行一天就能休息一天，船员们也可以适当放松一下紧张的神经。

此后不久，罗德岛州议会接到了波士顿及普罗威登斯铁路公司的诉讼，该公司在格林内尔的公司有股份，这份诉讼也多半是格林内尔指使的。诉讼请求议会出面限制范德比尔特在这一地带的航运，罗德岛州议会认为任何可以把航运与铁路客运对接的蒸汽船业主，都享有平等竞争的机会。所以，州议会驳回了铁路公司的诉讼。

同一年，普罗威登斯的当地商人们成立了"大西洋蒸汽船公司"。1838年，大西洋蒸汽船公司将"里士满号"投入使用，这艘船载重500吨，比范德比尔特的"来克星顿号"还多了12吨。大西洋蒸汽船公司参与竞争，是因为范德比尔特和格林内尔联手将票价恢复到八美元，促使他们联手的原因是客运需求的增长造成了蒸汽船的超负荷航行。他们的单方面行动使普罗威登斯的利益集团十分不满，于是成立了大西洋蒸汽船公司与其对抗。

范德比尔特对此当然是不服气的，在那一年的春天，有一次范德比尔特的"来克星顿号"与大西洋蒸汽船公司的"里士满号"不期而遇，两艘船开足马力在水面上比航速，结果"里士满号"抢先一步到达了纽约港。不久后，范德比尔特的业务重心转向了他的出生地——史坦顿岛，史坦顿岛轮渡公司的老板莫朗把公司一半的股份卖给了范德比尔特，莫朗这样做并不是因为公司的效益不好，而是他想用所得的钱购买史坦顿岛上的一栋别墅。

在业务大部分转移的情况下，范德比尔特把"来克星顿号"卖给了格林内尔，售价为6000美金，格林内尔公司将"来克星顿号"的蒸汽锅炉做了改建，以前是烧木材，现在烧煤。这艘船的命运和以前新伯仑兹威克码头上烧毁的"翡翠号"一样，只不过更为惨重。1840年的一个冬夜，在长岛海湾航行途中的"来克星顿号"突然起火，船上的200位乘客有196人遇难，只有4个人侥幸存活下来，这在蒸汽船航运史上是一场令人不堪回首的灾难。

与范德比尔特合伙经营公司的莫朗是罗德岛人，只不过那时他迁到了纽约居住，他似乎对史坦顿岛轮渡公司的发展不太关心，具体的经营管理都交给了范德比尔特。这样，范德比尔特做起了首席执行官。当然，如果有重要的谈判事宜，还是由莫朗出面，在这种比较重视礼仪性的场面，莫朗比范德比尔特更合适一些。

虽然有了史坦顿岛轮渡公司一半的股份，但范德比尔特在已有航线和开拓新航线方面仍在积极进取，诸如波士顿至波特兰，波士顿至新汉普郡，纽约至桥港，纽约至哈特伍德，曼哈顿至萨格港，还有最熟悉的伊丽莎白航线，这些交错纵横的线路绘制出了一个光明的前景。

早已过了而立之年的范德比尔特已经成为一个极具实力的船运巨头，他的全部资产达到120万美金，而且以每年30000美元的收入在不断递增。他拥有的蒸汽船也可以列出一份可观的名单："利文斯顿部长号"、"克里夫顿号"、"猎户号"、"冠军号"、"克丽奥帕特拉号"、"水巫号"、"公民号"、"范德比尔特号"、"奥古斯都号"等等。

第五章 投资新航线

1. 铁路兴起

历时四年时间建成的波士顿至普罗威登斯铁路在当时是具有代表意义的,普罗威登斯火车站就建在码头附近,虽然早期的火车在速度上比蒸汽船要快一些,但在旅途服务上则差得多了。车厢很小,里面备有长凳,乘客紧紧地挤在一起,最多也才装三十几人,卫生条件极差,肮脏杂乱令人头疼。

火车车厢这样的状况会让一些富人嗤之以鼻。根据记载,还有人在日记里大发牢骚,称之为野蛮和不文明的产物。但是,普通民众却习惯于这种现代化的交通工具,不论什么样的人,只要买票就可以乘坐,人人平等的理念在火车车厢里得到了展现。

1837年秋天,铁路从普罗威登斯新建了77千米,一直延伸到海边小城史东林顿。这样,史东林顿取代了普罗威登斯,成为换乘火车和蒸汽船的主要中转站。铁路线的变化开始成为影响蒸汽船航运的重要因素。1840年,诺维奇至福斯特的铁路通车,福斯特与波士顿有铁路相连,诺维奇位于托马斯河畔,可以坐船去纽约,因此,乘客又多了一个选择,可以从波士顿乘火车到达诺维奇,再换乘蒸汽船到纽约。

哈特伍德蒸汽船公司的总裁桑福特注意到了纽约至诺维奇这条线路,便把船调到了托马斯河与铁路接驳,这位桑福特就是与范德比尔特的弟弟汉德竞争的那位。范德比尔特的船随后也赶了过来,因为乘蒸汽船从纽约到诺维奇要11个小时,考虑到乘客的休息问题，桑福特和范德比尔特的发船时间都安排在傍晚五点钟，乘客上船之后就可以吃晚饭，然后在船舱睡一晚，第二天凌晨四点到达诺维奇，换乘火车去自己的目的地。

尽管这样的时间安排会让很多人不适应，但这条本来不起眼的航线还是繁忙起来，客运需求越来越大，于是范德比尔特把"新港号"、"福斯特号"、"克丽奥帕特拉号"都集中在这条航线上，其中的"福斯特号"由弟弟汉德任船长。

1844年，长岛铁路公司耗时8年，终于将纽约布鲁克林区和纽约皇后区牙买加镇之间的一小段铁路，扩展成为布鲁克林区至格林波特（牙买加镇以北143公里），这段铁路又被称为"长岛铁路"。没过多久，在公司董事会的邀请下，范德比尔特进入了长岛铁路公司董事会，与他同时受邀的也是蒸汽船航运的头面人物。

随后，长岛铁路公司收购了范德比尔特的"福斯特号"和"克丽奥帕特拉号"，以便于在长岛铁路的尽头处和诺维奇之间渡运乘客。这样的联运线路缩短了旅途时间，早晨出发，傍晚就能抵达目的地，而联运票价是四美元，乘客花上这么实惠的价钱就能避免在蒸汽船上过夜，长岛铁路公司与诺维奇铁路公司的合作因此大受乘客的欢迎。

范德比尔特在此前后的时期也是有鲜明的政治立场的，他是美国辉格党的成员，这多半是由于他的朋友韦伯斯特的影响和引荐，韦伯斯特就是帮助吉本斯在最高法院打赢反垄断官司的那位律师。1782年1月，韦伯斯特出生于新罕布什尔州萨林斯堡的一个偏远农场，他的父亲是一位著名法官，在独立战争期间是一个坚定的爱国者。

韦伯斯特从童年时代起就爱好广泛，学习成绩十分优异，为了他的成长和未来，父母倾注了大量的心血和精力，不惜花高额学费送他去贵族学校读书。后来家道中落，韦伯斯特体谅父母的难处，开始外出工作赚钱，补贴家庭开销。1797年，他考入达特茅斯学院。1801年，韦伯斯特以优异的成绩毕业。见过他的人都知道，韦伯斯特外表很有气质，辩论起来口若悬河，在当时的美国也是出名的演讲辩论家。

1805年，韦伯斯特取得了律师资格，此后开始渐渐步入政界。在两人没有接触之前，韦伯斯特就听到过范德比尔特的事迹。1820年1月，两人第一次见面，韦伯斯特对这个高大魁梧的船长心生敬佩，他们成为了熟人。此后，范德比尔特成为辉格党的重要一员，一直站在韦伯斯特的政治阵营里。

1844年秋天，为了给辉格党的总统候选人制造声势，几百名史坦顿岛的居民在范德比尔特的组织下进行了游行。他们有的骑马，有的步行，手举火炬，浩浩荡荡开进曼哈顿街区，碰巧在街边酒吧里聚集着一些民主党人，这些人冲到大街上，开始阻挠范德比尔特和游行队伍，双方随后爆发肢体冲突。此时的范德比尔特已经五十岁了，可是他的性格一如既往地火爆，只要觉得有必要，他就会毫不犹豫地出手。

民主党人里有一个名叫萨里文的，此人33岁，是个职业拳击手。范德比尔特揪住萨里文就是一顿暴打，拳击手出身的萨里文竟然被打得晕头转向，毫无还手之力，这也可以说是范德比尔特在政治生涯里的英勇事迹。19世纪50年代，美国辉格党瓦解了，这个党在美国历史上维持了大约二十六年。

就在长岛及诺维奇的联运进行得如火如荼的时候，普罗威登斯的利益集团"大西洋蒸汽船公司"开始行动，为了把乘客重新吸引到普罗威登斯，大西洋蒸汽船公司孤注一掷地发起降价战，为此，长岛及诺维奇联运票价降了一半。到了1846年，长岛铁路公司被价格战拖得筋疲力尽，便把"福斯特号"和"克丽奥帕特拉号"两艘蒸汽船卖给了盟友诺维奇铁路公司。

汉德开始在诺维奇铁路公司效力，主要负责管理"福斯特号"和"克丽奥帕特拉号"的营运，而范德比尔特退出了长岛铁路公司董事会，这标志着他已经放弃了诺维奇区域的航运。同年11月，诺维奇铁路公司旗下的一艘造价15万美元的巨型蒸汽船，在海上行驶途中遭到飓风袭击，虽然没有沉没，但是受损严重，而且有四十余人遇难。

耳闻目睹了许多的事故，范德比尔特觉得火车的安全系数比蒸汽船要高一些。如果乘客想去某个城市，只要那里通火车，那么他一定会选择火车而不会乘蒸汽船。而且，在能够与蒸汽船争夺乘客的地方，任何一家铁路公司都不会犹豫，会尽快把铁路修到那里，而蒸汽船只能被动地随着铁路线的变化而变化，因此大部分沿海和内河的蒸汽船生意，不再适宜花大气力投资，只需在维持现状的基础上适当地进行调整。

史东林顿至纽约的蒸汽船航线仍在运行，乔治的"俄勒冈号"就在这里。乔治在当时的船运界和范德比尔特名气一样大，在铁路方面也涉入颇深，他是长岛铁路公司董事会的成员。"俄勒冈号"可以说是当时美国最快的轮船，号称"水上宫殿"，硬件条件优越，票价又很合理，乔治在史东林顿至纽约的航线占据了主导地位。

在此期间，范德比尔特临时退出了史东林顿至纽约航线，德鲁把自己的船调过来，打算和乔治好好较量一下，结果以失败告终。

1847年初，范德比尔特决定重新返回这条航线，他主动邀请乔治，希望自己的"范德比尔特号"与对方的"俄勒冈号"比试航速，乔治接受了挑战，双方约定好了比赛时间。

比赛的具体路线是从巴特利出发，到达哈德逊河的奥希宁，然后返航回来。范德比尔特对自己的船是很有信心的，它的航速最高可达到每小时40公里，载重量有1000吨。范德比尔特在比赛前对它进行了反复试航，确保无误后，范德比尔特信心满满，他要在比赛那天亲自驾驶这艘以自己的名字命名的船。

比赛那天上午，"范德比尔特号"和"俄勒冈号"从巴特利码头出发。在开始的航程里，两只船齐头并进不相上下，在到达奥希宁后，两艘船开始调头，"范德比尔特号"因为没有减速，调头时被巨大的惯性停顿了一下，"俄勒冈号"领先了一段距离。在离巴特利还有大约二十公里的时候，"俄勒冈号"的煤用得干干净净，船员们手忙脚乱，把船上可以动用的木制品都拆下来，扔进锅炉里，最后连睡觉用的床板都扔了进去。

"俄勒冈号"的航速没有减弱，以领先60米的微弱优势率先抵达终点。考虑到客观因素，只能说是平手，这两艘船的速度是一样快的。这一天的比赛被报纸的记者添油加醋地讲了一番，成为了蒸汽船历史上的一个传奇故事。1848年，乔治把"俄勒冈号"卖给了德鲁，德鲁把船调到了哈德逊河流域。在史东林顿至纽约航线上，趁着铁路还没有完全霸占这里，范德比尔特依旧有条不紊地经营着。

在接下来的时间里，范德比尔特仍然将主要精力放在蒸汽船上，但与以往不同的是，他开始有条理地出售自己在各蒸汽船公司的股份，并寻求开拓跨国航运和长距离州际运输，在这两个方面，火车是无法代替的。他与莫朗的史坦顿岛轮渡公司显示出了优越性，火车发展得再快，也不可能跨过史坦顿和纽约之间的纳罗斯海峡。他们的轮渡业务可以说是万无一失。

2. 这样一个父亲

　　范德比尔特已经年过半百，也算是一个老人了，他应该能回忆起童年时期的老家，位于史坦顿岛东北角的那栋老房子，每当春天来临，庭院里的梨树和樱桃树花枝烂漫，纳罗斯海峡和长岛的景致历历在目。如果是别人，到了一定年纪，恐怕会回到朝思暮想的故乡，安稳恬静地享受晚年，可是范德比尔特对这种诗意的向往似乎是没有，或者说在心底里还有那么一点，但并不强烈。

　　自从1828年末搬到纽约曼哈顿居住后，妻子索菲亚在这里一直没有适应，只要有合适的机会，她都会劝说范德比尔特把家搬回史坦顿岛。范德比尔特的父亲康内留斯已于1832年去世，母亲菲碧仍然住在老房子里，不肯搬家。康内留斯在附近还遗留了一些闲置的地皮，范德比尔特利用这些地皮开始建造自己的大宅院，新建筑总共花费近三万美金，建造得壮观精致。

　　范德比尔特的房子每个楼层的高度都有七米多，房间十分宽敞，螺旋式的楼梯连通各个楼层直到屋顶，为了增强采光，楼顶设有彩色玻璃镶嵌的天窗。宅邸的前门同样装上了彩画玻璃，图案是范德比尔特亲自定的，委托玻璃工人加工，画的是"克丽奥帕特拉号"蒸汽船的雄伟身姿。

另外，门廊、圆柱、壁炉都十分华丽，令那些慕名而来的参观者印象深刻。更有意思的是，这座大宅院距离老房子走路只需几分钟，同样可以一览无余地眺望纳罗斯海峡和纽约湾风光。1839年，新建筑竣工后，范德比尔特全家迁到了这里，也算是暂时的落叶归根了。

范德比尔特有三个儿子，在1839年，大儿子威廉18岁，二儿子耶利密9岁，小儿子乔治·华盛顿刚刚出生。与两位兄长比起来，乔治无疑是一个幸运儿，他从父亲范德比尔特那里得到的宠爱和体谅，是威廉和耶利密无法望其项背的，同时也是家里的其他孩子从没有享受过的待遇。乔治出生后，范德比尔特对这个小儿子另眼看待，他发现乔治和自己当年非常相像，便毫不吝惜地让乔治接受教育。

童年的乔治入学后，各门功课成绩优秀。长大成人后，乔治以优异的成绩考上了西点军校，随后开始服兵役。范德比尔特兴奋之余，内心期盼着儿子能尽早服完兵役，好把自己的商业王朝接管过去。大儿子威廉在父亲眼中，是一个迟钝而无趣的男孩，他和父亲一样长着直挺的鹰钩鼻，但范德比尔特仍然有些瞧不起这个儿子，因为威廉总是瞪着一双斜视的眯缝眼。

不过，威廉得到的待遇还算勉强说得过去，虽然不喜欢，但范德比尔特还是资助威廉在曼哈顿的一家学院读书，威廉没有弟弟乔治那样聪慧，耽搁了很长时间才完成学业拿到毕业证。因此，范德比尔特并不看好威廉的个人能力，他觉得威廉天资鲁钝，缺乏灵活的思维和开拓进取的精神，还不具备男子汉的闯劲儿，而这三点在范德比尔特看来是成功的关键。

即便如此，范德比尔特也没有放弃威廉，他希望儿子从底层做起，先立业再成家。在儿子18岁这一年，范德比尔特与德鲁疏通关系，把威廉安排在德鲁的经纪公司里做文员。文员的月薪少得可怜，甚至不够自己的生活开销，范德比尔特还要时常拿出钱来资助威廉。1841年，20岁的威廉和一个牧师的女儿玛利亚结婚，这桩婚姻是被范德比尔特和索菲亚反对的，但威廉还是义无反顾地成婚了。

范德比尔特觉得是自己的庇护助长了威廉的叛逆，他勒令儿子辞去文员的工作，去农场干活。为此，他在史坦顿岛上买了一个农场，宣布这是送给威廉和玛利亚的结婚礼物，他们要依靠农场自谋生计，而自己绝不会再拿出钱来资助他们。直到弟弟乔治在南北内战中病亡，威廉才渐渐被父亲重视起来，这对范德比尔特来说也应该是无奈的选择。

耶利密是三兄弟中命运最悲惨的一个，他患有先天性癫痫病，发起病来抽搐痉挛，对于这样一个病痛缠身的孩子，范德比尔特没有表现出一个父亲应有的怜悯之情。因为对耶利密的鄙视和厌恶，范德比尔特经常会拿起鞭子抽打他，用这种狂躁的方式发泄自己的不满。在父亲淫威的笼罩下，耶利密变得精神抑郁，讲话开始口吃，后来又慢慢演变为轻微的精神分裂。

1849年，饱受折磨的耶利密对这个家已经极度恐惧和失望，他离家出走了。在开始的行程里，耶利密在船上做水手糊口度日，后来辗转到了加利福尼亚州，因为生活没有着落，他不得不招摇撞骗，弄些小钱，还曾因此一度被抓进收容所。

时间到了1856年，26岁的耶利密结婚了，但这也没能让他振作起来，或许他早已经自暴自弃了。他一直不务正业，整天游手好闲，喝酒、赌博、诈骗就是他的工作，耶利密变成了一个悲剧和堕落的混合体。范德比尔特对他厌恶至极，在给他的信中这样写道：

"你说你能够扬名立万,那只是你自己的美梦罢了。所有的一切都说明你是无药可救的,在这个世界上闯出一番事业对于你来说没有任何可能性,你怎么还会不知羞耻地向我要钱?"

从19世纪60年代起,范德比尔特有些时候会在知名报纸上发布声明,内容是耶利密的个人债务与自己没有任何关系。在十几年后当范德比尔特卧于病榻上时,耶利密来到父亲的别墅探望他,范德比尔特对前来通报的仆人说:"叫他马上从这里滚出去,我不论是死是活,都不想再看见他。马上下楼去,原话说给他听!"

范德比尔特去世后,耶利密只得到了少得可怜的一点财产,他赌博和酗酒的毛病仍然没有改,甚至变本加厉,并因此背负巨额债务。1882年,耶利密在纽约的一家旅店里开枪自尽,连住宿的费用都没有支付。或许,看了耶利密后半生的种种行径,范德比尔特觉得自己当初的冷酷是正确的。可是,如果范德比尔特在耶利密的童年时能给予他一点必要的体谅和关爱,或许耶利密的人生会是另外一种情形吧。

早在1833年,范德比尔特在火车事故中受伤,在他疗养期间,他结识了一个医生贾拉德·林斯利。林斯利于1826年从耶鲁大学毕业之后,又专攻医药学,在内外科医学院深造,并于1829年秋完成学业。与范德比尔特结识的时候,林斯利还是个风华正茂的年轻医生,他们成为了关系亲密的朋友,而且,从此以后,林斯利一直担任范德比尔特家私人医生的角色,直到范德比尔特病逝前夕,都是林斯利在那里兢兢业业地照看他。

1839年对于范德比尔特来说是悲喜交加的一年,喜的是小儿子乔治·华盛顿出生,悲的是林斯利医生诊断出范德比尔特得了梅毒。为了治疗,林斯利开了水银膏等药方。患上这种顽疾完全是由于范德比尔特的劣性不改，他还是驳船上水手的时候，就经常和妓女鬼混。当时，纽约卡特林坡一带的街巷和酒吧里总有下等妓女的身影，许多年后，成为百万富翁的范德比尔特还是会偶尔到这里来。

他对那些粗野放荡女人的喜爱让人觉得不可思议，就这样，范德比尔特被那些女人中的一个传染上了梅毒。医学数据表明，人感染梅毒后，平均的潜伏期为三周的时间，在这之后病情进展为一期和二期，时间为一年至两年，如果没有得到治疗，或者治疗得不彻底，病情会发展到三期，如此延续很多年，最后很容易导致患者死亡。

1840年，索菲亚也患上了梅毒，这是丈夫传染的。一直以来，操劳过度加上频繁的生育，已经使索菲亚的身体透支，家里还有年幼的子女需要照顾。而范德比尔特每次与妻儿共处时，经常会鸡蛋里挑骨头，指手画脚地说这说那，可以想见，索菲亚的内心世界会是多么不堪重负。如今，丈夫的寻欢作乐又使自己成为连带受害者，她的后半生将在煎熬之中度过。

1846年，范德比尔特在格林威治又兴建了一座四层楼的别墅，这是一栋清一色砖石结构的建筑，外表看起来默然而无趣。范德比尔特告诉妻子，史坦顿岛上的别墅只作避暑时居住，一年的其余时间都要住在格林威治别墅里。索菲亚已经到达了忍耐的极限，她对史坦顿岛有着异乎寻常的留恋，让她住在遥远的格林威治如同禁锢了她的最后一点美好时光。

有一天，索菲亚抑制不住自己的感情，向范德比尔特大喊大叫起来，范德比尔特不仅没有体谅妻子，反而怒气冲冲地威胁要把索菲亚送进精神病院。不久，索菲亚在女儿的陪伴下进行了一次长途旅行，希望可以舒缓心情，但是似乎效果不佳。

没过多久，索菲亚又一次歇斯底里起来，范德比尔特冷酷地把威胁变为现实，可怜的索菲亚被关进精神病院。直到三个月后，范德比尔特的老母亲菲碧出面干涉，索菲亚才被放出来，又被迫答应住在格林威治别墅。对此，我们只能说，范德比尔特的某些低劣品性真是少见的。

范德比尔特虽然已经是有名的大富翁，但他的粗俗举止往往使他被隔绝在绅士交际圈之外，住在格林威治的大都是有身份有教养的体面人，他们对范德比尔特这位邻居十分反感。如果有哪个邻居或朋友出于好意，邀请范德比尔特到家里做客，主人恐怕会被弄得不知所措，因为范德比尔特十分随意，比如随地吐痰，抽主人的烟斗，一杯接一杯地喝着自己喜欢的饮品。

范德比尔特还因为偏好下等妓女被上流人士嘲笑，而上流人士则更喜欢去市区繁华地带，寻找软卧香榻的温柔场。更有一些人猜测，范德比尔特之所以喜欢乡下女人，是因为他是文盲，对粗野没有品位的女人感兴趣。这种推测是不确定的。不过，范德比尔特在某种程度上鄙视读书却是事实，他公司里的文员每月工资只有20美元，所以他经常用轻蔑的口吻说，雇佣一个读书人干活只需花几个小钱。

一个与范德比尔特关系良好的记者为他作了一番有节制的辩护："船长是上一个年代的代表人物，那个年代的人们简单而不虚伪，不像现在这样招摇，比我们也更幸福。"范德比尔特在性格和举止上的不妥是有人愿意为他辩解的，但是他对慈善事业的漠然则招致了千夫所指。在人们眼中，范德比尔特是一个贪得无厌的守财奴，并且极度自我陶醉于他的白手起家的传奇经历。

当有公益组织邀请范德比尔特救济穷人时，他便又大谈特谈自己的奋斗史，还表情严肃地强调："我能够做到的，他们也可以做到。"1872年，即范德比尔特去世前五年，大文学家马克·吐温在一本杂志上写文章痛骂范德比尔特，文字极其辛辣，对范德比尔特的揶揄嘲讽已经到了无以复加的地步。

原文如下：如今，我只希望你能做一件值得大家赞扬的事情，一件刊登在报纸上不会令你无地自容的事情，为此，请你控制你的本能反应。效仿你的精力十足和埋头苦干的青年有成千上万，请你为他们做一个榜样，让你龌龊的人生也能够发出一次金子般的闪光。恳请你做一件善事吧，这样才能够在你的500个魔鬼形象里，发现一个可以得到上帝怜悯的范德比尔特。

马克·吐温继续嘲讽道："慷慨地、堂堂正正地向公众慈善事业捐出四枚硬币吧，我知道，这样做会让你痛苦万分，反正你也快入土为安了，你又何须如此在意呢？以你现在这种苟延残喘的模样，即使再活100年，也比不上体面而尊贵的突然辞世。"

美国第一位真正意义上的千万富翁是约翰·奥斯塔，生于1763年，卒于1848年，他主要以毛皮生意起家，形成规模后又投资房地产。在慈善活动方面，他也起到了很好的表率作用，堪称一位慈善家。他曾经资助过小说家爱伦·坡，作家华盛顿·欧文，诗人格林·哈莱克。总之，许多早期的声名卓著的文艺家都曾得到过奥斯塔的帮助，华盛顿·欧文曾将奥斯塔在俄勒冈州滨海地区经营毛皮贸易，以及其整个事业发展史写成了记录文字。

1848年3月，奥斯塔去世，他留下了一笔数额庞大的财产，可以说是当时美国最大的一笔，总额为2000万美金。这笔财产的一部分用来建图书馆，建成后将对公众开放，馆名自然叫做"奥斯塔图书馆"。其余的部分则完全由一个儿子继承，另外4个子女只分到一点可怜的零头。

早在19世纪20年代，出于对自己无法掌控的垄断行业的痛恨，范德比尔特曾对奥斯塔垄断皮货贸易进行了义正词严的声讨。现在，奥斯塔的2000万巨额财产又刺激了范德比尔特，他在心里暗暗发誓，一定要超过奥斯塔的财富。范德比尔特开始注意同时代大亨们的财产资料，为能够成为新一代的美国首富而继续前进。

有一点很有意思，范德比尔特对奥斯塔建图书馆的举动一点也不理解，他觉得奥斯塔已离开人世，还要去完成公益事业真是毫无意义。范德比尔特这样想是没有人会奇怪的，但他对奥斯塔没有把财产平均分配的做法十分认同，只选一个继承人，这样做可以把财产完整地传承下去，将来也会起到更好的效果。许多年后，范德比尔特选定儿子威廉做继承人，也是出于同样的考虑。可惜的是，奥斯塔的慷慨和慈善对于范德比尔特没有什么触动。

实际上，在19世纪前50年，并不是只有范德比尔特缺乏慈善心，许多中产阶级以至富翁也大多对公益事业十分冷漠。纽约市最早的慈善机构以纽约人道协会为代表，这是一家穷人接济收容所。到了1817年，由当时纽约州的州长德维特·柯里顿牵头，上百位纽约绅士参与，创建了一个名叫"贫困化预防协会"的公益组织，该协会的办公地点位于哈德逊河的河畔。

差不多在同一时间，纽约人道协会发布了一份统计数据，在1816年的下半年，各类公益组织至少接纳了一万多人并给予他们帮助，这是一个十分惊人的数字，须知当时的纽约市也不过十万人口左右。为此，刚刚成立不久的"贫困化预防协会"声明了该协会的宗旨，即对值得帮助的穷人和不值得帮助的懒人一定要区别清楚。

如果没有区别对待，那些懒人会混杂在真正的难民中，整天自甘堕落，不仅将大量社会财富白白浪费，同时也是在加重自食其力者的纳税负担。因此，贫困化预防协会发出倡议，为了让那些好逸恶劳的懒人能够摆脱贫困，重新振作起来，最有效的办法就是马上切断现行的公益资助，置之死地而后生，逼他们出去工作自食其力。

其实，对救济对象适当而行之有效的考核是必要的，但是这种观点渐渐转变为十分偏激的论调，即想仁慈就先要冷酷无情，慷慨大方不如一毛不拔。这种不符合逻辑的论调一经传出，竟然受到大多数人的推崇，只有极少数人对贫困化预防协会进行驳斥，其中就有德行兼备的奥斯塔，这位富豪人士没有理会那些不良社会风气，仍旧为慈善事业尽自己的一份力，也为美国最冷漠无情的时代添上了一笔暖暖的亮色。

19世纪50年代的美国，轻驾马车开始广受社会各阶层的喜爱，成为当时最时尚的娱乐活动。天气晴朗的下午，各阶层的人士赶往百老汇大道举行赛马大会，他们中有跑航运的，搞出版的，搞房地产的，搞金融的，还有专业的骑术师。除了百老汇大道，另一个热闹的赛场是圣尼古拉斯大街。

范德比尔特是轻驾马车运动的铁杆粉丝，他的马厩就建在他的别墅旁边，而且在硬件条件上都是当时最先进的，只为了能让那些优秀品种的马能吃得好，休息得好，以便于在比赛中一决高下。另外，"无耻的骗子"德鲁也是赛马场上经常见到的身影。还有一个名叫贝内特的出版商，这个人在其一生中无数次撰文歌颂范德比尔特，即使有人对范德比尔特的某些言行予以质疑，贝内特也会在第一时间站出来为范德比尔特辩护。

纽约市区一共有好几个专用的轻驾马车赛道，不论比赛在哪里举行，范德比尔特都会叼着雪茄烟、驾着马车出现在那里，这恐怕是除了金钱和美女之外他的最爱了。每次比赛，与会者都会玩到太阳落山，满意而归。对于范德比尔特，曾经有人这样评价他，范德比尔特手握缰绳的姿势如此熟练，使得轻驾马车看起来仿佛是他身体的一部分，如果他不是一个社会知名的大富豪的话，那么他一定能成为美国最优良的骑术师。

3. 淘金热与尼加拉瓜

公元1520年11月的一天，航海家麦哲伦率领船队沿着南美洲东岸南下，船队来到大陆南端的岬角海域，展现在这些异国人眼前的是一幅壮丽原始的图景，海面波涛汹涌，海水中漂浮着体积巨大的冰块，强劲的西风呼啸着掠过那些荒岛礁石，一切都让人觉得阴冷。船只开始小心翼翼地航行，在穿越海峡的过程中，麦哲伦望见南侧的岛屿上到处闪耀着土著人燃烧的篝火，于是给这片岛屿取名为"火地岛"，即火地群岛。

公元1758年，航海家德雷克也到了这里，那条海峡便被称为"德雷克海峡"。公元1616年，荷兰航海家斯豪滕的船经过火地群岛的这个陡峭的岬角，便以自己的出生地合恩命名，称为"合恩角"。合恩角是大西洋与太平洋的分界点，是世界五大海角之一，其余四个是鲁汶角、好望角、斯蒂沃尔特的西南角、塔斯美尼亚的东南角。

合恩角隔着德雷克海峡与南极洲相望，属于次南极地区。由于终年强风不断，气候寒冷多雾，一年有半数时间是雪季，这里成了世界上海况最糟糕的航道。在历史上，先后有几百艘船在这里沉没，两万余人葬身大海。因此，合恩角有了一个令人毛骨悚然的绰号"海上坟场"。

虽然合恩角的水域非常凶险，但自从1848年淘金热兴起以后，这个远洋航线还是活跃了起来。淘金热的策源地是加利福尼亚州，在1830年之前，那里几乎无人居住，是名副其实的蛮荒之地。1848年，一个叫詹姆斯·马歇尔的锯木厂工人，无意之中在河岸边发现了一块天然黄金。几个月后，《纽约先驱论坛报》发布消息称，在加利福尼亚发现了大规模金矿，当年末，美国政府也证明了金矿确实存在。

在此基础上，消息经过口口相传，变得更加诱人，甚至有加利福尼亚的河床上铺满了金沙这种说法。地域上最近的旧金山（圣弗朗西斯科）首先波动起来，这简直就是一场大规模的群体运动，形形色色的人们涌向金矿发源地。

绝大部分企业关门停业，船员离开海湾里停泊的船只，小手工业者扔掉手头的工具，农民把土地房屋典当，公务员离开了办公桌，服役的士兵离开岗位，最后连传教士也汇入淘金大军。这股浪潮使整个美国沸腾起来，旧金山北部的俄勒冈州也被席卷。随后，美国东部各州的梦想一夜暴富的人们也纷纷行动起来，经常有人第一天还在嘲笑别人，第二天自己也扛上一把铁锹，随队伍去加利福尼亚。

美国的西进运动在19世纪初轰轰烈烈地展开，一些冒险家向有着梦幻色彩的美国西部推进。如同前面所说的那样，金矿的存在消息引发了潮水般的移民潮，每个人都想拥有金灿灿的黄金，甚至远隔万里的欧洲，也有怀揣着梦想漂洋过海而来的淘金者。淘金热对西进运动和西部地区的开发起到了催化剂的作用。从因果关系来说，淘金热是西进运动的主要产物，就好比一部宏大交响曲的高潮部分。

金矿的发现者马歇尔出生于美国东部的新泽西州。1844年，他成了西进运动的积极分子，由美国中西部的密苏里州迁到了太平洋沿岸的俄勒冈州。第二年，马歇尔来到加利福尼亚的新赫耳威迪亚，开始在萨托社区定居。萨托社区处于美利坚河和萨克拉门托河两条河流的汇合地，这样，上面提到的那一幕在几年后出现了，马歇尔无意之中在锯木厂旁的河岸边发现了一块天然黄金。

实际上，在1848年以前，金矿在太平洋沿岸地区已经被发现很多次。诸如1841年在洛杉矶附近发现金矿，1842年在加利福尼亚南部发现金矿，但是这几次金矿的发现都位于印第安人的居住地，他们还处在原始社会的状态，对于黄金的经济价值也不清楚，再加上当时的移民少得可怜，即使有个别人明白其巨大价值，也很难向外界传递出这一消息。因此在1848年之前，西进运动与淘金是没有什么关联的。

到了1848年，太平洋沿岸的移民数量已经相当可观，经济生产的基础已经建立起来，最重要的是邮政系统已经扩展到这里，与外界的联系十分紧密。所以，在加利福尼亚发现金矿的消息在半年的时间内就传遍了美国以至全世界。

在最开始的阶段，从东部去西部的加利福尼亚只有两条路线。一是穿越连绵纵横的山脉和一望无际的荒原，从陆路到达，没有任何先进交通工具，只能是坐大篷车或者步行。整个旅程漫长艰辛，世代居住在那片地域的土著人，也可能随时对这些陌生人发起攻击。可以说，能平安抵达加利福尼亚也算是九死一生。另一条路线是海路，从东部码头乘船出发，沿南美洲大陆海岸向南航行，绕过合恩角，进入太平洋海域，再北上航行到达目的地。

这两条路线都很让人头疼，但两害相权取其轻，的确，走海路的风险还是小一些的。就这样，合恩角这个恶劣的航道与淘金热联系在了一起。当然，以那时的船速，这是一个相当漫长的行程，通常要半年至一年的时间才能到达，最快的船也要花费三个月左右的时间。虽然这样的出行颇费周章，但东部至加利福尼亚的航线还是火爆起来，几乎所有的沿岸码头都有驶往西部地区的船。

1848年末至1849年初的两个月，有六十多艘船开往加利福尼亚，这其中有一艘"艾弗立特号"，以当时的哈佛大学校长埃德华·艾弗立特的名字命名，搭载的都是富家子弟，有很多是哈佛大学的学生。"艾弗立特号"临出发时，校长艾弗立特本人还亲自前来践行，他带来了几百册图书作为礼物，用意是希望这群年轻人能在长达半年的旅途中，过得更充实更有价值。

随后，在1849年2月，从费城、纽约、波士顿这3个码头开往西部的船只达到130艘。在整个1849年，有大约400000名淘金者到达加利福尼亚，这使得当地人口猛增，许多城镇快速地发展起来。到了1850年，旧金山被称为"黄金之都"，而从东部开往西部的船次增加至200多次。

在繁荣发展的局面下，第三条东西部路线很快出现了，这得益于此前就形成的跨州邮政系统。如果一个纽约人寄信往加利福尼亚，那么这封信首先由美国邮政公司运到巴拿马东海岸的迦格雷斯，然后另一家公司——太平洋邮政公司负责把信件从巴拿马运到加利福尼亚。美国邮政公司和太平洋邮政公司是合作关系，而且每年都可以从美国财政部那里拿到30万美金的邮政补贴，仅这笔钱就基本解决了公司的运营成本。

同样，这两家公司开通的客运服务也是一样的线路。乘客从东部码头坐邮政蒸汽船抵达巴拿马，然后上岸走陆路，这段路也并不轻松，要乘畜力车穿过一片丛林，还要乘小船在迦格雷斯河上航行161里的距离，最后，搭乘太平洋邮政公司的船到达西部。

美国邮政公司的老板是乔治，1847年的时候，他的"俄勒冈号"曾和范德比尔特的船在哈德逊河上比赛航速，两个人也算是老相识了。太平洋邮政公司的老板是阿斯宾沃，依靠瓷器生意和开办造船厂成为大亨。在先前的那两条线路中，绕过合恩角的环线票价是300美元，而乔治和阿斯宾沃提供的东部至西部的联运票价高达600美元，整整是前者的两倍。

但是，这条新路线的确相对便捷一些。同时，巴拿马当地官员从这两家公司捞到了许多油水，出于对自身利益的维护，他们支持这两家公司在巴拿马地区的路线垄断，而在海面航线上，美国政府早就授予美国邮政公司和太平洋邮政公司以航线专营权。

这样好的发财机会，范德比尔特是不会错过的，但他没打算与乔治和阿斯宾沃竞争同一条线路，他有了别的想法。通过地图可以看到，大西洋在中美洲和南美洲之间的区域形成了一个内海，也就是大名鼎鼎的加勒比海。巴拿马的北方是领土面积较大的尼加拉瓜，尼加拉瓜湖位于尼加拉瓜西南部，长度160公里，平均宽度60公里，面积8264平方公里，是中美洲最大的湖泊。

几万年前，这个湖泊只是太平洋的一个海湾，因火山爆发，与大海隔绝而形成湖，当地印第安人称之为"科西沃尔卡湖"，意思是"淡水海"。该湖的西岸距离太平洋只有18公里，湖的东端与圣胡安河相通，圣胡安河的终点就是加勒比海。这样，一条崭新的线路在范德比尔特的头脑中形成了，船只从东部码头开出，南下进入加勒比海，沿圣胡安河和尼加拉瓜湖一路向西，到达太平洋东岸后，乘船北上到达美国西部地区。

这是一个绝佳的想法，实行起来也比较现实，只要把尼加拉瓜湖至太平洋东岸的18公里疏通一下就可以了。如果范德比尔特的尼加拉瓜线路开通，将比乔治和阿斯宾沃的巴拿马线路缩短742公里的路程，这样的明显优势将给范德比尔特带来丰厚的利润。

范德比尔特的法律顾问是约瑟夫·怀特，约瑟夫的哥哥大卫·怀特作为范德比尔特的代表，前往尼加拉瓜谈判相关事宜。范德比尔特的计划得到了美国驻尼加拉瓜大使斯奎尔的鼎力支持，斯奎尔与大卫开始与尼加拉瓜政府积极沟通，希望对方同意运河的疏通和经营。谈判的过程并不顺利，英国的投资人士似乎也有开发尼加拉瓜运河的想法，由于这个因素的出现，整个谈判局面变得复杂起来。

美国和英国一直争夺各自在尼加拉瓜的权益，或明或暗的较量由来已久。在尼加拉瓜的海岸东部，一直居住着印第安人部落，该部落实际上在英国政府的保护之下，英国在当地设有领事馆。1848年，在英国人的怂恿和支援下，部落印第安人开始侵犯位于圣胡安河河口的北圣胡安。随后，英国海军舰船又步步紧逼，落后的尼加拉瓜军队被迫后撤，在当年末英国已控制此地并设立海关。

对于英国的扩张举动，美国驻尼加拉瓜大使斯奎尔十分愤怒。不久，海湾中的一座小岛"虎岛"又被英国占据，尼加拉瓜政府无力与英国正面对抗，为了阻止英国会有更大的侵犯活动，尼加拉瓜政府宣布将虎岛割给美国，希望美国能在尼加拉瓜受到入侵时挺身而出，保护尼加拉瓜人的权益。

其实，英国政府并不想与美国挑动事端，也不想明目张胆地攻打尼加拉瓜，他们的目的就是不希望看到美国人单独掌控尼加拉瓜运河，仅此而已。美国总统泰勒和美国国务卿科来顿明白英国政府的用意，同样，美国政府也不想把矛盾激化。1849年4月，美国政府开始与英国专使博尔渥会谈。在几轮会谈中，博尔渥表示，如果双方可以在尼加拉瓜运河的主权上立场一致，那么英国政府不仅支持美国人修建运河，还有可能进行慷慨的投资。

一直心存忧虑的范德比尔特听到这个消息，重新兴奋起来，因为疏通尼加拉瓜运河耗资巨大，如果伦敦的大银行能向自己提供贷款，那么这个宏伟的工程将指日可待。1849年8月，与尼加拉瓜政府的磋商有了结果，范德比尔特的公司与尼加拉瓜政府签订了具体协议，范德比尔特一次性向对方支付30000美金。另外，在尼加拉瓜运河开通之前，范德比尔特每年还要向尼加拉瓜政府支付航运许可费，具体数额为每年10000美金。

尼加拉瓜运河开通之后，范德比尔特拥有85年的经营时限，该航线经营的每年纯利润的1/5上交尼加拉瓜政府。如果范德比尔特本人因某种原因退出管理，那么他的继任者同样要遵守该协议。85年期满之后，尼加拉瓜政府将收回运河的管理权。

另外，考虑到不可抗力的因素可能导致运河无法建成，尼加拉瓜政府又与范德比尔特签署了一份备用协议。协议规定：一旦运河确实无法建成，那么范德比尔特有权利以同等条件修建铁路或其他类型的交通线路，作为尼加拉瓜运河的替代品。

随后，美国政府与尼加拉瓜政府签订条约，美国宣布承认运河的主权属于尼加拉瓜政府，而且对别国船只由运河通过不会采取反对态度。1850年，美国国务卿科来顿又与英国专使博尔渥签署条约，规定美英两国不能采取任何行动侵害对方在尼加拉瓜的权利，在中美洲地区的所有运河，美英两国都不享有单独垄断权。实际上，这份合约是美英两国相互制衡相互妥协的结果，如果不是这样，范德比尔特的雄心壮志不知何年何月才能落实。

范德比尔特此时已经开始行动起来，他与造船厂签订合同，制造适于长途航行的远洋蒸汽船，又委托制造适于在尼加拉瓜湖和圣胡安河航行的浅水蒸汽船。范德比尔特还雇佣了工程师查尔斯为拟建的运河勘查线路，作出成本预算，以及具体实施时的物资配备。在做这些工作的同时，范德比尔特开始争取伦敦银行的贷款，为了能够尽力争取到，范德比尔特和大卫·怀特亲自访问了伦敦的银行。

此前，伦敦的报纸上已经报道了在建的尼加拉瓜运河，并形象地称其为大洋间的运河。虽然有些银行家看过报道之后深感兴趣，但投资和贷款不是仅凭兴趣就可以作决定的，这之前需要进行精准的调研，写报告论证其可行性，还要对成本预算了如指掌。就在此时，从尼加拉瓜方面传来了发生事故的消息，一艘隶属于范德比尔特的小型蒸汽船在沿着圣胡安河航行时，遭遇激流导致船只失去控制，最后不幸触礁沉船。

在这种局面下，伦敦的银行家们觉得投资运河的风险过高，因而拒绝了范德比尔特。长途跋涉回到美国后，范德比尔特没有休息，立即前往尼加拉瓜视察河道。他乘坐的"普罗米修斯号"是大型远洋蒸汽船，后面还拖曳着一艘小型浅水蒸汽船"部长号"，从纽约出发时还是秋天，抵达北圣胡安（英国人称为格雷镇）已是年末，范德比尔特随即登上"部长号"驶进圣胡安河，整个航程惊险万分。

为了保证"部长号"全速前进，范德比尔特命令船员将锅炉安全阀门关闭，让蒸气不外泄，这是极其冒险的做法，运气不佳会导致锅炉爆炸。面对一道道的险滩，"部长号"蒸汽船几乎像滑雪似的跃了过去，船体不时与滩石发生摩擦，随行人员惊恐万分，范德比尔特却镇定自若。1851年1月，范德比尔特由圣胡安河进入尼加拉瓜湖。"部长号"是完成圣胡安河192千米行程的第一艘蒸汽船，创造了该项纪录的范德比尔特堪称老当益壮的勇士。

　　随后，"部长号"继续西行，一直航行到距离太平海岸只有19千米的威经湾。范德比尔特在乘船返航时，根据一路的所见所想做了具体指示，关于落差达到两米多的喀斯托罗险滩，范德比尔特命令工作人员着手建立中转站，除此以外的险滩和激流地段，则采用爆破的方式清理岩石。

　　圣胡安河之行造成了轰动效应，人们惊讶于年过半百的范德比尔特有如此的勇气和魄力。为此，报社记者专门采访了范德比尔特，兴奋之余的范德比尔特宣布创建附属运输公司，尼加拉瓜航运业务由这家公司直接负责。他还对"普罗米修斯号"大加赞赏，在纽约和北圣胡安的往返行程里，"普罗米修斯号"的耗煤量远远低于预期。

　　此后，在尼加拉瓜湖和圣胡安河营运的浅水蒸汽船除了"部长号"，还有"博尔渥号""科来顿号""中美洲号"，前两艘船的名字一看就是以人名命名的。范德比尔特的新航线在1851年7月正式启动，并且在纽约各大报纸上做了宣传，除了强调该航线比巴拿马路线缩短了742公里的距离外，票价也十分实惠，只有399美元，比走乔治和阿斯宾沃的巴拿马路线节省了201美元。

　　在此后的一年里，因为客源火爆，纽约至北圣胡安的运力有些吃紧。范德比尔特又委托造船厂先后建造了三艘大型蒸汽船，分别是"韦伯斯特号""极光号""西部星号"，它们和"普罗米修斯号"一起，承载着东部码头至北圣胡安的客运。如同以往一样，价格战很快打响，乔治和阿斯宾沃每年都有国家财政部的巨额邮政补贴，干脆放开手脚压低价格。

受此影响，范德比尔特把尼加拉瓜线路票价降至半价以下。即便如此，依靠地理上的优势，每年还是有100万美元的利润进入范德比尔特的口袋。附属运输公司的船每艘核载500人，但由于乘客众多，船从纽约开出时，船舱中经常会超过定额人数。可以想见，淘金热与西进运动对民众有多么大的影响，在某种程度上甚至改变了地区的发展格局。

从加利福尼亚返回东部的乘客就要少得多了，虽然还不至于空舱，但每艘船的乘客只有二百人左右。为了弥补返回航线的不足之处，范德比尔特的船除了拉载乘客，还承运西部至东部的黄金输送。

就在形势一片大好的时候，范德比尔特在1852年末与尼加拉瓜政府发生纠纷，按照1849年的双方协议，范德比尔特的公司每年要向尼加拉瓜政府支付当年纯利润的1/5。但在这一年的年末，范德比尔特首先把公司股东应得的分红派发完毕，然后向尼加拉瓜政府解释道，由于附属运输公司的船只并不完全属于公司财产，有相当一部分是租来的，租金加上广告宣传的费用已使得本年的利润几乎为零，所以没有办法兑现协议。

对于范德比尔特先给股东分红然后大倒苦水的做法，尼加拉瓜政府十分恼怒，见范德比尔特无动于衷，便派出代表团赶赴纽约进行谈判，可没料到却吃了闭门羹，附属运输公司的高层都避而不见。出现这样的情形并不是范德比尔特故意刁难尼加拉瓜政府，而是范德比尔特对公司的经营有些失去兴趣，换言之，附属运输公司的内部问题导致范德比尔特萌生了退出董事会的想法。

虽然尼加拉瓜航线运营正常，利润也很可观，但范德比尔特一直想把运河建设得更加完善，预计要再追加几千万美元的投资。为此，在1852年的夏天，范德比尔特派出代表访问伦敦的几家大银行，希望那些银行家能提供融资的办法解决完善运河的款项，但又一次被那些谨慎的银行家拒绝了。范德比尔特有些失落，如果尼加拉瓜运河项目仅仅到此就止步，那与他当初的构想真是相差太远了。

此外，还有第二个原因，范德比尔特虽然是附属运输公司的总裁，但董事会的其余成员，以约瑟夫·怀特为代表，都是精明强干、自我意识极强的人，范德比尔特对公司的发展计划并没有绝对的领导权，这是他在经营公司的历程中从没有遇到过的情况。

就在范德比尔特的代表团从伦敦无功而返后，他透露自己有率领名下的蒸汽船退出附属运输公司的打算，消息一出，公司的股票开始大幅度下滑。面对范德比尔特这样的示威举动，董事会的成员有些不知所措，但是范德比尔特没有把事情做绝，或许他只是想吓唬一下那些人，借以发泄自己的不满。

大约过了一个月，范德比尔特辞去附属运输公司总裁的职务，理由是：董事会成员都拥有管理公司的权力，他们中许多人的想法我不能认同，所以选择辞职。当然，那些董事会成员并不傻，他们心里清楚范德比尔特的影响力，以及尼加拉瓜航线仍然需要范德比尔特的支持，否则的话，附属运输公司将会分崩离析。

因此，公司董事会邀请范德比尔特留在公司里，担任航运监督的管理职务，年薪为公司每年毛利润的五分之一。这样的巨额薪水实属罕见，董事会不仅以此想留住范德比尔特，同时也想借此表达对范德比尔特所作贡献的肯定。范德比尔特同意留下，并与公司签订了雇佣合同。另外，关于范德比尔特个人所有的几艘蒸汽船，公司董事会达成一致，决定购买这几艘蒸汽船，范德比尔特也同意了，售价总额为135万美金。

这是一笔不菲的数目，为了筹集资金，公司决定发售大量股票，在短时间内共发售出40000股，每股30美元，这样就获得了120万美元的现款。这笔现金支付给范德比尔特后，其余的15万美元经过协商，以公司债券的方式付清。

附属运输公司的积极挽留和慷慨大方很快就得到了回报，因为范德比尔特的名字始终与附属运输公司连在一起，客运业务持续稳定，公司的股价很快就回升到每股40美元。由此可以看出，不论范德比尔特是否担任总裁，他都能利用自己的影响力遥控公司股价的升降。1853年2月，范德比尔特重新进入附属运输公司董事会，但他拒绝再做总裁的职位，只想做一个有发言权的董事。

这段时间以来附属运输公司发生了种种波动，但尼加拉瓜航线并没有受到什么实质性的影响，唯一的问题就是乘客对客运服务心怀抱怨。开往西部的船在大多数时间里都是超员的，船上的后勤供应也不好，有些食品甚至是过期变质的，即使多花些钱买头等舱，得到的服务也是同样令人无奈。

另外，附属运输公司的工程师们尽其所能完善圣胡安河的航道，但浅水蒸汽船在行驶中仍然会不时遇到麻烦，本来就心怀不满的乘客此时变得焦躁不安，原本应该是一次充满希望和愉悦的旅行，却往往变成折磨乘客神经的囚途。

在东部经尼加拉瓜到西部的整条航线上，安全快速的远洋蒸汽船大多集中在纽约至北圣胡安之间，而在南圣胡安至圣弗朗西斯科，附属运输公司配置的大都是些装备陈旧的二手船，其中还有租来的，这反映了附属运输公司航运资源分配的不均衡，乘客对此也是有看法的。

有一艘"北美洲号"属于范德比尔特和德鲁共同拥有，该船往返于南圣胡安和旧金山，一批从西部返回东部的乘客中途乘坐了"北美洲号"。船上的恶劣条件让他们几近崩溃，好不容易回到纽约，他们立即写了一封抨击范德比尔特的信，并登载在报纸上。其中一位乘客尤其愤怒，他向法院控诉乘客受到的伤害。在1853年夏天，纽约州法院裁定，德鲁和范德比尔特对设备维护和保障供应负有不可推卸的责任，因此，罚款10000美金，以示惩戒。

第六章 新对手出现了

1. 欧洲旅行

范德比尔特的老伙伴韦伯斯特在1850年7月取代了科来顿，担任美国国务卿，上任以后，他为范德比尔特的尼加拉瓜航线排解了不少难题。韦伯斯特的个人生活十分不幸，早在他进入参议院时，妻子就因病离他而去。后来，他的一个儿子和唯一的女儿也先后去世，为了排解内心的寂寞和痛苦，他把精力都放在了工作上。1852年春天，纽约的辉格党成员联名呼吁韦伯斯特为总统候选人，范德比尔特也参与其中，对老朋友表达了绝对的支持。

不幸的是，在当年10月24日，韦伯斯特病逝，享年70岁。为了表示纪念和尊重，范德比尔特请来一位装饰艺术家，在"北极星号"蒸汽船的餐厅天花板上绘制韦伯斯特的头像。此外，又绘制了首位总统华盛顿、航海家哥伦布、科学家富兰克林等名人的头像，整个过程花费了一个月的时间。"北极星号"是由西蒙逊造船厂制造的，该厂位于纽约布鲁克林区的格林普特，老板西蒙逊是范德比尔特的外甥。

尼加拉瓜航线的许多远洋蒸汽船和浅水蒸汽船都出产自西蒙逊造船厂。因为范德比尔特的要求和设计思路，西蒙逊建造"北极星号"时可谓一丝不苟。该船造好后，成为了世界上最大的远洋蒸汽船。"北极星号"全部造价50万美金，甲板长82米，船梁宽12米，共装配四台锅炉，最大载重2500吨。除了以上令人惊讶的数据，船舱内的设计和装饰更是富丽堂皇、美轮美奂。

范德比尔特马上要满60岁了，他成功地从百万富翁晋级为千万富翁，附属运输公司购买蒸汽船时支付给他的钱，汇合他原有的资产，加上公司股价稳定上涨，范德比尔特已经拥有了1000多万美金。他决定去欧洲环游一番，以此庆祝自己的商业传奇。在出发前，范德比尔特将他在史坦顿岛上的大部分房地产以及史坦顿岛轮渡公司出售，总共得到了60万美金。

不过，那栋距离海滩只有六十多米的老房子却保留着没有卖，因为范德比尔特的老母亲菲碧一直住在那里，老人家年纪大了，对多年的陈旧故居也是异常地眷恋。1853年5月20日，天刚刚亮起来，范德比尔特带领一大群家人登上了"北极星号"蒸汽船，随行的还有家庭医生林斯利和他的妻子。老母亲菲碧已经86岁高龄，身体情况不适宜长途跋涉，没有和儿孙们同去。

"北极星号"蒸汽船驶近纳罗斯海峡的时候，站在船头甲板上就可以望见那栋老房子，让人感觉到温暖的一幕出现了，老母亲菲碧早早起床，此时正站在门前挥手致意，一辈子只听母亲话的范德比尔特心情激动，他命令鸣放船上的礼炮，以表达对母亲的尊敬和祝福。

"北极星号"用了12天的时间横跨大西洋，到达了英国，停靠在南安普敦港。范德比尔特和家人们的到来引起了英国各阶层人士的关注，英国皇家游艇俱乐部首先邀请范德比尔特一行前去参观，随后，范德比尔特一行又游览了威斯敏斯特教堂等名胜和英国议会大楼。

范德比尔特此行的主要目的是显示个人的成功和财富，他似乎从没有打算接受欧洲文化的浸染，英国艺术界的名流谁也没有收到范德比尔特的拜见信函，虽然范德比尔特有能力那样做。不过，诸如大作家狄更斯和著名诗人狄尼生,或许还在庆幸平静的创作生活没有被打扰。

为了体验英国中产阶级的业余生活,范德比尔特带着儿子乔治去看赛马。这一天,父子两人乘上驶往阿斯科特的公共马车,刚刚坐下,就听到旁边的乘客在谈论范德比尔特和"北极星号"蒸汽船,不过那几个乘客并不认识范德比尔特,在那里自顾自地说着。

其中一个人说自己登上了"北极星号"参观,绘声绘色地描绘着船上的豪华包房、宽敞的大厅、精致的壁板,后来又说范德比尔特的12个儿子也在帮忙开船,闲来无事时在岸边划游艇消遣时光,最后说范德比尔特是一个十分有头脑的成功人士。面对这种真假参半的兴奋谈话,范德比尔特和乔治没有开口纠正其中的错误,他们微笑着默默地听,保持着成功人士应有的低调,或许在两个人的心里,还洋溢着在异国土地上感受到的骄傲和自豪。

离开英国的前一天,伦敦政界和商界人士举办了一场体面的酒宴,用以表达对范德比尔特一行的欢迎。伦敦市长在致辞中这样说道:在大不列颠,只有公爵的府邸才能与范德比尔特在家乡的别墅相媲美。随后,为酒宴配备的乐队奏响了美国国歌《星条旗永不落》。为了表示谢意,范德比尔特做了简单的致辞,他说:两国民众同属于一个民族,同说一样的语言,没有什么力量能阻止这样的事实,兄弟之间将会因蒸汽船的联系而变得更加亲密。

范德比尔特不擅长礼仪性的言辞,他把口才较好的女婿霍莱斯介绍给满座宾朋,由霍莱斯就英美两国的友谊做了一个完满的发言。第二天,范德比尔特一行人乘船离开英国,驶入波罗的海,先后在俄国的圣彼得堡和丹麦的哥本哈根进行了短暂的游玩。

当年7月初,"北极星号"抵达法国的勒阿弗尔,美国政府驻勒阿弗尔的领事维希接待了范德比尔特一行人。在维希的安排下，一行人乘火车去巴黎，不过有意思的是，范德比尔特并没有和家人一起去，他声称自己的身体有些不舒服，需要休养一下，留一个女仆照顾他的衣食起居就行了。可笑的是，仅仅过了一天，范德比尔特的病就好了。只要不是智力有问题的人，都能猜到范德比尔特犯的是什么病。

家庭医生林斯利在自己的日记中幽默地写道：有些时候，一个医生治不好的病，一个年轻漂亮的女仆却可以轻松地将其治愈。其实，范德比尔特喜欢年轻姑娘早就不是什么新鲜事儿了，即使到了晚年病入膏肓的时候，范德比尔特还是经常把年轻浮华的女子带到他的大别墅里鬼混，只不过，她们再也治不了他的病了。

范德比尔特随后坐火车到巴黎与家人们会合，当地的一些金融大亨得知范德比尔特到来，主动与他接触，盼望双方能合作建立连接欧洲和美洲各大贸易港口的航线，但是范德比尔特此时没有这方面的投资意向，所以委婉而不伤和气地拒绝了。在之后的三个星期里，一行人参观了塞纳河畔的罗浮宫、法兰西宫廷凡尔赛宫、香榭丽舍大街等人文名胜和"欧洲雄狮"拿破仑的墓地。

7月末，范德比尔特一行人乘火车回到勒阿弗尔，登上"北极星号"朝地中海进发。在西班牙做了短暂停留后，又去往意大利，在佛罗伦萨游览了一番。在此期间范德比尔特请一个名叫波尔斯的艺术者为他塑像，随后，他独自返回"北极星号"上，而他的家人们从佛罗伦萨去了比萨，欣赏了闻名世界的比萨斜塔，然后返回莱戈霍恩港。8月中旬，"北极星号"驶离莱戈霍恩港，向意大利的首都罗马驶去。

本来在此之前的旅行都是一帆风顺，没想到在此处却遇到了麻烦，令范德比尔特很恼怒。他本人被罗马市政府告知通关手续出了些问题，入境许可证要等几天才能发放，这期间他们只能待在船上。家人和船上的工作人员中有许多人信奉天主教，他们对这次罗马之行也是朝思暮想，但范德比尔特决定不等了，立即命令开船离开，就像他出行前对一个朋友说的，这次旅行的目的仅仅是游玩消遣，而不是可怜兮兮地看别人的脸色。

"北极星号"蒸汽船开始巡游地中海水域的港口城市和岛屿，诸如号称"地中海心脏"的马耳他，还有位于马尔马拉海边缘的君士坦丁堡。之后，范德比尔特一行人来到直布罗陀，直布罗陀是欧洲伊比利亚半岛南端的港口城市，它旁边的海峡就是直布罗陀海峡。停留了几天后，他们又乘船去马德拉。马德拉群岛风光旖旎，是世界著名的旅游胜地，它位于非洲西海岸外，号称"大西洋上的百花岛"。

范德比尔特一行人在马德拉游览了三天，这是此次欧洲环游的最后一站。"北极星号"蒸汽船在9月12日起航返回美国，在大海上航行了11天后，"北极星号"驶入纽约湾。这次长途跋涉总共用了四个月，从船上随行人员的日记中，我们可以看出，这一行人在久别重逢之后更感到了故乡的可爱。关于这次环游，《纽约时报》也做了大量而详尽的报道，而范德比尔特也是首位完成欧洲环游的美国人。

2. 摩根和加里森

范德比尔特从欧洲给母亲菲碧带回来很多礼物，有英国工匠制作的精巧的银器，俄国姑娘缝制的布玩偶，还有西班牙浓郁民族风味的服装和饰品，等等。自从范德比尔特发财的几十年来，这位孝顺的儿子送给了母亲数不清的礼物，但菲碧拒绝珠宝类的礼物，至于其余的都用来装饰那栋老房子。范德比尔特还送过各种舒适的宅院，希望母亲能住得舒服一些，可菲碧都不喜欢，她只愿意守在海滩边的这栋房子里。

在家人从欧洲回来不久后，菲碧的身体状况就一天不如一天，药物治疗没有效果，只好躺在床上休养。过完圣诞节，转眼到了1854年初，这个季节还是很寒冷，冬天即将逝去，春天还未到来。在一月的月末，菲碧与世长辞了。范德比尔特失去了这个世界上他最信任的人，失去了一个可以与他分享成功喜悦的人，也失去了他这一生中从心底里真心尊敬的人。

陷入悲伤的范德比尔特凭着本能的沉稳料理母亲的后事，告别仪式在那栋老房子里举行，完毕后，母亲的遗体被安葬在范德比尔特家族墓地，旁边就是范德比尔特的父亲康内留斯的安葬处。墓穴并不是很大，有三平方米，竖立着墓碑，碑面上刻着"范德比尔特"这个家族姓氏。站在家族墓地上，依然可以望见船只在蔚蓝色的大海上络绎不绝，这是母亲一生中最爱眺望的景色。

关于那栋老房子，范德比尔特决定保留，并且原样不动。房屋的墙壁上还挂着一支船桨，那支桨是范德比尔特十多岁时驾驶那条小帆驳船用过的，这栋老房子记录了他的青春岁月，也是对逝去的父亲母亲的忆念。直到20世纪20年代，范德比尔特本人也早已不在人世，但这栋房子还在，虽然已经破败不堪，但还是有好奇的学者去那里参观，看一看船长范德比尔特童年时期的居所。

收拾完自己的心情，范德比尔特还要把精力投入到附属运输公司上，因为新对手出现了，一个叫摩根，另一个叫加里森，这两个人都是附属运输公司内部的管理人员。前面已经说过，1852年的时候，范德比尔特不再担任附属运输公司的总裁，但根据后来签订的雇佣合同，范德比尔特仍然是尼加拉瓜航线的监督者和管理者，也是公司的大股东、董事会的成员，年薪为公司每年毛利润的五分之一。

在进行欧洲环游之前，范德比尔特移交了尼加拉瓜航线的管理权，主要由摩根和加里森负责，摩根负责大西洋方面（东部至尼加拉瓜），加里森负责太平洋方面（尼加拉瓜至西部）。在范德比尔特不在的这四个月里，摩根和加里森利用各自在辖区内的实际控制权，进行了一些见不得人的秘密交易。更糟糕的是，他们密谋利用这绝佳的时机夺取范德比尔特的权力，当范德比尔特刚刚回到美国的土地上时，发现自己已经被逼得没有退路了。

其实，回顾整个事件的来龙去脉，范德比尔特颇有一点引狼入室的味道。因为摩根和加里森之所以能够进入附属运输公司，完全得力于范德比尔特的引荐。加里森比范德比尔特小11岁，出生于纽约哈德逊河的河谷，父亲是一个普通的船员，家里面不希望他子承父业，而是尽全力把他培养成了土木建筑工程师。早年他参与了一些建筑项目，随后在密西西比河上靠船运积累了资金。

西进运动兴起，加里森针对来来往往的淘金队伍，在巴拿马线路的必经之地开设银行，财富如同滚雪球一般迅速膨胀。1853年2月17日凌晨，附属运输公司的"独立号"在西部沿岸航行时，发生了十分惨烈的事故。"独立号"是一艘服役多年的老蒸汽船，出事那天整整超载了200人，船体撞上礁石的时候，所有的乘客还在船舱里熟睡。汹涌的海水灌了进来，烟囱的通风口被无情地堵住了，一瞬间大火在船上肆意蔓延。

"独立号"在烈焰中挣扎了一番之后，沉入大海，惨剧共造成一百七十多人遇难。当年4月，附属运输公司的"路易斯号"在圣弗朗西斯科附近触礁沉没，虽然这次没有人员死亡，但更加深了人们的疑虑，附属运输公司的客运到底有多大的安全性，这是他们关注的焦点。

为了加强公司在旧金山地区的船运监管，避免事故的再次发生，在范德比尔特的引荐下，加里森被附属运输公司聘请，担任驻旧金山地区的管理人员，年薪为60000美金。实际上，加里森的口碑是相当差的，许多人都觉得他是一个阴险的投机分子，范德比尔特自然也应该听到过这方面的议论，不过，从他推荐加里森的行动来看，他没有重视这些评论。

或许范德比尔特是这样想的，自己从商战中摸爬滚打以来，还从没有输给过任何人，即使加里森真像人们所说的那样，也未必能掀起什么大浪。和加里森一样，摩根也是先做小生意，后来依靠客运服务发家致富。摩根和范德比尔特的年纪相仿，在1849年的时候，摩根还试图与范德比尔特竞争，抢夺开通尼加拉瓜航线的权利，不过，由于范德比尔特当时得到了美国政界的支持，摩根见没有什么希望便罢手了。

此后，这两个人建立了合作关系，摩根又在范德比尔特的介绍下进入附属运输公司，成了公司董事会的董事。在范德比尔特远赴欧洲期间，摩根开始行动起来，他把几个被剥夺董事资格的人重新弄进董事会，这几个人为了报答摩根的再造之恩，拉拢其余人把摩根推上总裁的宝座。就这样，在范德比尔特毫不知情的情况下，摩根和加里森掌握了附属运输公司的实际控制权。

范德比尔特从欧洲回来以后，麻烦也接踵而至。本来作为尼加拉瓜航线的管理者，航运需要的煤炭和别的物资有一部分是由范德比尔特垫付的，按习惯然后找公司报销。可自从摩根和加里森当政以后，关于还没有报销的款项，他们不想拿出一分钱来，他们还摆出故意刁难的口吻，说如果有法院判决可以考虑支付这些款项。

另外，他们对范德比尔特的高额年薪也是指手画脚，认为范德比尔特所做的那些工作完全不配领取公司每年毛利润的五分之一。范德比尔特彻底愤怒了，恐怕有生以来也极少有人敢与他当面叫嚣。他写了一封致摩根和加里森的公开信，声称自己不会经过法律程序，而是要采取措施把两个人打垮。这封霸气外露的战书被刊登在各大报纸上，《纽约先驱论坛报》发表评论，说船长定会收复失地，夺回属于自己的权力。

报纸的评论说得过于乐观了，摩根和加里森都不是简单的对手。摩根在短时间内就坐上了附属运输公司总裁的位置，加里森在旧金山也是风生水起，在行使管理职权的同时，他又介入当地行政系统，神奇地当上了旧金山市的市长。可以看出，这两个人都是权谋诈术的高手，又是赚钱的行家，这两方面合在一起，在形势上就处于上风位置。

接下来发生的事更证明了对手的高明，也预示着这场争斗会是一场持久战，谁能笑到最后要看各自的手段、耐心和运气。尼加拉瓜航线每运转一次，就会同步地为摩根和加里森增加一笔收入，也增加了一分他们与范德比尔特对抗的资本。形势占上风之后，他们又开始笼络人心，大力改善尼加拉瓜航线上所有蒸汽船的基本服务，包括住宿、餐饮、卫生等各方面，因此，乘客和舆论开始倾向于摩根和加里森。

过了不久，这两个人再出一招，宣布成立"摩根及加里森公司"，并声称该公司服务于附属运输公司，主要业务就是管理尼加拉瓜航线，每年向附属运输公司收取年利润十分之一的服务费。这个举动再次把范德比尔特置于尴尬的境地，因为摩根和加里森向附属运输公司索要的年薪只有范德比尔特的一半，他们用这种方式将范德比尔特排挤出局，名正言顺地管理起尼加拉瓜航线。

范德比尔特一时间里无可奈何，想不出什么行之有效的办法，尽管他声称不会经过法律程序，但以当时的实际情况来看，这也是唯一可以走的一步棋了。某一天，一艘附属运输公司的船停泊在纽约港里，范德比尔特立即委托律师提出诉讼，理由是附属运输公司是在尼加拉瓜境内注册的，属于尼加拉瓜的公司，因此，律师试图引用纽约州的法律条文，以外国公司不得在美国境内经营航运为借口，请求扣留这艘船。

然而，经过调查，附属运输公司的蒸汽船根本不在公司名下，而是在管理阶层的个人名下，这样就变成了美国公民的个人所有船只，有权利在美国的任何一个港口自由出入。范德比尔特被法院宣布败诉，本想给摩根和加里森找些麻烦，自己却碰了一鼻子灰。

看样子摩根和加里森不是短时间内可以打垮的，范德比尔特决定"怀器于身，待时而动"。他把自己的"北极星号"拉出来跑客运，仍然是从东部到西部，这回走的是巴拿马线路。"北极星号"的最大航速可以达到每小时十八英里，在同等规模的蒸汽船中，它是速度最快的，而且前面已经说过，它的内部环境和服务在当时都是一流的。从欧洲返回之后，加上报纸的大量宣传，"北极星号"被公众所熟知，因而也吸引了很多乘客搭载这艘船。

范德比尔特就以此为基础建立了"独立运输公司"，因为船只有限，他与一个叫密尔斯的人结为盟友，密尔斯也是一个蒸汽船运营商，曾经在巴拿马线路上十分活跃。两个人结盟后，密尔斯的两艘蒸汽船开到了太平洋水域，专门负责范德比尔特的西线业务。范德比尔特的船曾在不到22天的时间里就走完了东部至西部的全程，这样的记录在相同业务的公司里没有能够超越的，在速度上已经占了优势。

范德比尔特又开始像他年轻时期一样，主动降价打起价格战。头等舱票价降了1/3，普通舱票价降至1/2以下。随后，独立运输公司做起了广告宣传，声称只要花一点小钱，就能提前到达旧金山，比尼加拉瓜航线的蒸汽船要快得多。因为票价实惠，航速又快，后勤服务也不错，大量乘客开始选择独立运输公司。

面对范德比尔特的强势反击，摩根和加里森只能接招，与范德比尔特拼消耗。同样被迫降价的还有乔治的美国邮政蒸汽船公司和阿斯宾沃的太平洋邮政蒸汽船公司，这两家公司这么多年来一直走巴拿马线路做客运服务。如今，范德比尔特与摩根和加里森的较量殃及到了乔治和阿斯宾沃，不得已，他们也开始跟着降价，范德比尔特的主要目的是报私仇，没想到竟然牵动了全局。

从以后事件的发展来看，"乱中取胜"这个词用在范德比尔特身上是再合适不过的了。最先乱起来的是尼加拉瓜的国内局势，该国的北部和南部的长年对抗从没有间断过。历史上最先到达这里的是哥伦布，当时是印第安土著民在此居住，在1525年这里沦为西班牙殖民地。1821年9月15日，尼加拉瓜宣布独立。此后的一年时间，尼加拉瓜短暂地加入墨西哥帝国。从1823年至1838年，尼加拉瓜加入中美洲联邦。

1839年，尼加拉瓜共和国正式建立。该国的两大政治势力自由党和正统党分别控制着北部和南部，为了争夺执政地位，两方面的武装冲突不断。依据尼加拉瓜国家宪法，总统的任期为两年，可是，由于激烈的权力争斗，差不多平均每隔五个月就要换一任总统，最夸张的记录是六年的时间里先后换了十五位总统。

就在范德比尔特与对手的价格战进行得难解难分的时候，属于正统党的尼加拉瓜在任总统佩雷斯，正在寻求改动宪法，将总统的任期更改为四年，希望借此巩固正统党的执政地位。面对这种局面，自由党的首脑决定搞政变，并开始寻求外国势力对自由党的支持。随后，冲突爆发，尼加拉瓜航线因此变得充满危险，摩根和加里森的附属运输公司客源变得愈发萎缩，乘客纷纷选择走巴拿马线路。

没过几天，在当年的5月，附属运输公司的一位船长在北圣胡安与当地居民发生争执，扭打之中拔枪射杀对方，这对本来就不景气的线路无疑是火上浇油。尼加拉瓜当地政府要捉拿这个船长，碰巧当时的美国驻尼加拉瓜大使伯伦也在船上，伯伦立即出面干预，不允许尼加拉瓜当地政府单方面采取行动。正在谈判的时候，从人群中飞出来一个瓶子，砸伤了伯伦的头部。

随后，美国总统皮尔斯派出一艘舰船在北圣胡安巡航，要求尼加拉瓜政府向伯伦道歉，并向附属运输公司支付24000美元的赔偿金。几个星期过去了，尼加拉瓜政府一项也没有落实。美国舰船在7月中旬炮轰北圣胡安，接着又放了一把火，将这个小镇烧毁。因为紧张的局势，附属运输公司的股价直线下跌，到了1855年初，给股东分红的钱都拿不出来了。

摩根和加里森颓丧至极，只好向范德比尔特请求和解，他们答应给范德比尔特报销所有拖欠的款项，又以不菲的价格把范德比尔特的盟友密尔斯的两艘老蒸汽船买下来。另外，巴拿马线路的乔治和阿斯宾沃也与范德比尔特达成协议，以高价购买"北极星号"蒸汽船，条件是范德比尔特撤出巴拿马线路。

虽然摩根和加里森已经焦头烂额，但距离范德比尔特要毁掉他们的誓言还很远，只要附属运输公司还在他们两个人的掌控之下，这场较量就没有结束，依照范德比尔特的性格，他也绝不会在此刻"刀枪入库，马放南山"。

1855年春天，范德比尔特指使一个附属运输公司内部的老相识向纽约州法院提出诉讼，指控公司内部的管理人员非法发行股票，法官因事先得到范德比尔特的好处，做出了十分不利于摩根和加里森的裁决。法院禁止附属运输公司再发行股票，当这个消息在金融中心华尔街上传开时，附属运输公司的股价再次下跌。

前面说过，尼加拉瓜自由党一直在寻求外援，当年5月，援军终于到了。来者是一个名叫沃克的美国人，这个31岁的家伙是个疯狂的冒险家和革命者，他期待着有一天能够成为政治军事领袖。他带领一支几十人的队伍开赴尼加拉瓜，并乘乱占领南圣胡安，随即他派人回加利福尼亚宣传自己的战绩，希望有更多的志愿人员加入自己的军队。这一宣传手段果然奏效了，几个月内，他的队伍人数达到了几百人。

摩根和加里森也敲起了边鼓，派了一艘蒸汽船帮助沃克运输兵员物资。当年10月，这支武装力量攻占了尼加拉瓜正统党的大本营戈兰纳达，取得了这样的战果之后，沃克便与尼加拉瓜自由党解除盟友关系。这是显而易见的，以沃克妄自尊大的野心，当初他率队南下也并不是真心帮助自由党，而是想趁火打劫，谋求自己的目标和地位，如今目的已经达到，他便把自由党抛在了一边。

在沃克的操纵扶持下，一个名叫里瓦斯的政客当上了总统，这只是一个老迈昏聩的傀儡，而沃克则加封自己为尼加拉瓜军队总司令，变成了实权在手的人物。摩根和加里森听到这个消息后，欣喜异常，他们的目的就是希望能有一个强有力的人物稳住尼加拉瓜局势，这样尼加拉瓜航线就能重新恢复正常航运。

摩根和加里森期盼的效果并没有立竿见影，当年11月，买煤和其他各种款项的钱还没有支付，附属运输公司需要大量贷款，在3月时纽约州法院判决该公司不得在本地区发行股票，所以附属运输公司只能发行公司债券。

这种青黄不接的局面使得该公司已经低迷的股价更加雪上加霜。不过，范德比尔特的机会来了，他和自己的几个盟友开始悄无声息地购入公司股票，到了当年12月，范德比尔特及其盟友将手中的股权集中起来，一夕之间控制了附属运输公司。公司董事会也进行了大换血，然后任命范德比尔特担任公司总代理，不过，尼加拉瓜至加利福尼亚的代理权仍在加里森手中。

没过多久，范德比尔特重新回到附属运输公司总裁的位子上，距离他上一次担任总裁，已经相隔了四年。摩根终于尝到了被范德比尔特以其人之道还治其人之身的滋味，虽然范德比尔特收复失地，夺回了属于自己的权力，但因为尼加拉瓜政局仍然动荡不安，加之公司经营不善，附属运输公司的股价仍旧处于半死不活的状态。

摩根和加里森是不会善罢甘休的，几乎就在范德比尔特重新掌握公司的同时，他们的报复行动就开始了。这两个人的目的很简单，既然附属运输公司的权力已经不在自己手中，不如索性让它破产垮掉，自己得不到的范德比尔特也别想得到。

在12月的月底，加里森的助手迈科堂纳，沃克的律师艾德蒙，还有加里森的儿子威利，他们跟随一批支持沃克的雇佣兵乘船从旧金山到达戈兰纳达，其中的艾德蒙不仅是律师，同时又是"麦瑟交通公司"的代理人。这三个人此行的任务是劝说沃克取消附属运输公司的尼加拉瓜航运许可权,并把航运许可权授予艾德蒙的麦瑟交通公司,同时将附属运输公司在尼加拉瓜水域内的蒸汽船全部收缴。

沃克本来就与摩根和加里森这两个人联系紧密,几乎没费什么周折,沃克就答应了这些请求。不过,这些行动并没有立即执行,因为加里森的儿子威利要去纽约向摩根说明整个计划,以便摩根利用这最后的时间段大捞一把。尼加拉瓜政局的稳定对附属运输公司至关重要,范德比尔特也不想得罪沃克,那些从旧金山地区去尼加拉瓜的志愿人员乘坐的都是范德比尔特的船。

摩根在纽约华尔街竭尽全力将附属运输公司的股票做空,然后再买回,尽可能地积累钱财。1856年2月底,沃克终于把既定计划执行了,他宣布取消附属运输公司的航运许可权,同时把一些浅水蒸汽船收缴了。随后,范德比尔特在各大报纸上宣布退出尼加拉瓜线路,并且整个公司暂停营业,直到美国政府能为附属运输公司主持公道。

然而,问题还是出在公司的注册。前面已经说过,附属运输公司是在尼加拉瓜注册的,因此,美国政府无权解决外国公司在外国的资产纠纷。虽然这种状况让范德比尔特感到郁闷,但他不能什么都不做,他派遣工作人员到圣弗朗西斯科,让加里森交出权力滚蛋,并尽可能地将返回的蒸汽船控制在自己手里。

虽然范德比尔特宣布公司暂时歇业,这造成了公司股价跌到了可怜的价格,但是附属运输公司每个月还是有四万美金的收入。这笔钱是从何而来的呢?答案就是美国邮政蒸汽船公司和太平洋邮政蒸汽船公司向范德比尔特支付的补偿费。附属运输公司已经无法再走尼加拉瓜航线,这两家公司一直经营巴拿马航线,由于担心范德比尔特再次涉足巴拿马线路，所以以支付补偿费的方式确保附属运输公司不与其竞争。

纵观范德比尔特的一生，这种"无为而治"的办法他不知用过了多少次，而且屡试不爽。至于摩根和加里森，他们虽然控制了尼加拉瓜航线，但手头上只有两艘远洋蒸汽船，一艘往来于纽约和北圣胡安，另一艘往来于尼加拉瓜和加利福尼亚，除此而外，有几艘强行扣押得来的浅水蒸汽船在圣胡安河和尼加拉瓜湖运营。

那个帮了摩根和加里森大忙的沃克，因为觉得国内局势已经平缓，便把老迈的里瓦斯一脚踢开，自己当上了尼加拉瓜总统。在这位新总统兼老朋友的照顾下，摩根和加里森的航运多了几分生气。在当年夏天，摩根和加里森增加了三艘远洋蒸汽船，负责纽约至北圣胡安，原来的两艘则负责西线的接驳。

如果就此坐视摩根和加里森发展下去，恐怕他们有一天会卷土重来，这是范德比尔特绝对不能容忍的，他要把这种可能性消灭在萌芽状态。1856年初秋，范德比尔特从西蒙逊造船厂买了两艘蒸汽船，因为无法进入尼加拉瓜水道，他便剑走偏锋，与承运棉花业务的摩根竞争货运，随即爆发的价格战使摩根疲惫不堪，或许在摩根的心里，无处不在的范德比尔特真的让他有些惧怕了。

对于沃克这个妄自尊大的军事独裁者，范德比尔特不能直接将他赶下台，而是尽其所能侧面打击沃克。当年11月，沃克任命格伊克瑞尔为尼加拉瓜驻英国大使。在赴任的路上，格伊克瑞尔在美国纽约停留了些时日，主要目的是为沃克政府争取贷款，因为尼加拉瓜国内急需资金。范德比尔特依靠自己在纽约金融界的影响力，阻挠格伊克瑞尔的筹款工作，并给对方造成了相当大的麻烦。

格伊克瑞尔开始与范德比尔特会面商谈，希望他能够支持自已的工作，范德比尔特对格伊克瑞尔说，如果沃克能恢复附属运输公司的尼加拉瓜航运许可权，那么他本人就可以借给尼加拉瓜政府十万美金。格伊克瑞尔是尼加拉瓜新政府中为数不多的有理智有品行的官员，他觉得为了国家政府能够摆脱困境，重新步入正轨，接受范德比尔特的条件是明智之举。

但当他把这个意见转述给沃克总统时，不仅被断然回绝，连尼加拉瓜驻英国大使的职务也被撤销。几乎就在同时，麦瑟交通公司的代理人艾德蒙在报纸上发表声明，说格伊克瑞尔是一个居心不良的外国人。艾德蒙的这个论调完全是在维护麦瑟交通公司在尼加拉瓜水道的航运许可权。

格伊克瑞尔这个古巴的流亡政客，之所以尽心竭力地支持沃克，是因为沃克曾经向他许诺要把革命的希望传到古巴，将占领古巴的西班牙殖民者赶出去，实现民族解放。可如今，沃克毫不留情地将格伊克瑞尔赶出尼加拉瓜政府，曾经的承诺更是一纸空文，格伊克瑞尔只能遗憾地离开了。

沃克赶走了一个优秀的助手，同时，他又做了另外一件愚蠢的事情，即宣布撤销尼加拉瓜废奴法案。允许黑奴的私有和买卖，这一举动是违背社会民意的，因此，一些原本支持沃克的人也离他而去。另外，新政府的资金问题也迟迟没有得到解决，几乎没有银行家愿意贷款给沃克。就在风雨飘摇四面楚歌的情形下，哥斯达黎加给了沃克政府致命一击。

实际上说来，哥斯达黎加在这一年的年初就与沃克政府处于敌对态势，哥斯达黎加国会授权莫拉总统动用武装力量，把沃克集团赶出中美洲大陆。范德比尔特对哥斯达黎加政府的行动表示绝对支持，并向莫拉的军队提供资金和武器弹药。1856年初冬，哥斯达黎加军队经过长途奔袭,重创了沃克的部队,占领了北圣胡安,随后这支队伍沿河西进,缴获了几艘浅水蒸汽船。

与此同时,增援部队迅速控制了威经湾,至此,尼加拉瓜航道的东段已经在哥斯达黎加军队的掌握之下。当这个消息传到华尔街时,范德比尔特公司的股价直线上涨,附属运输公司的股票持有者包括范德比尔特本人开始悠然自得地抛售股票,享受着大战过后打扫战场一般的愉悦。

单就理想和目标而言,沃克也算是一个成功人士,不过这种成功说到底是昙花一现,妄自尊大和缺乏战略眼光使沃克自己走入了绝境。北圣胡安被占领,美国东部的志愿者无法乘蒸汽船去尼加拉瓜,而原来沃克重要的兵源地美国西部已经没人愿意出来支持他,看样子沃克的宏伟事业大势已去了。

1857年夏天,沃克率领着自己的残部向哥斯达黎加军队缴械投降。如果就此隐退,或许沃克还能有个不错的归宿,然而他天生就是个冒险家。三年后,他又开始在洪都拉斯兴风作浪,图谋东山再起,结果被击毙,就此走完了传奇而短暂的一生。

失去了靠山的摩根和加里森在1857年年底缴械投降,他们放弃了自己在附属运输公司的那点股权,作为协议的一部分,摩根购买了范德比尔特的两艘蒸汽船,一艘"木兰号",另一艘"欧佩楼萨斯号",而摩根在造船厂制造的新船"海洋女神号"由范德比尔特接管。至此,附属运输公司重返尼加拉瓜水道的时机已经成熟了,不过范德比尔特对尼加拉瓜航线已经没有兴趣,他击败了摩根和加里森。

如果不是为了复仇行动,他早就想把附属运输公司关门大吉了。同时,美国邮政蒸汽船公司和太平洋邮政蒸汽船公司仍然每月向范德比尔特支付40000美金的补偿款。后来，范德比尔特又狮子大开口，要求补偿款再增加40%，那两家公司为了巴拿马航线的独家经营，答应了范德比尔特的要求。此后，附属运输公司的客运业务也是有一搭没一搭地做着，直到几年后自动破产。

3. 大西洋航运

1853年10月，欧洲列强为了争夺对巴尔干半岛的控制权，爆发一场大战，土耳其、英国、法国等国家先后向沙皇俄国宣战，这场战争被称为克里米亚战争，又称克里木战争。克里米亚战争一直持续到1856年，共造成五十多万人死亡，以沙皇俄国的失败而告终。

战争期间，国际航运受到一定的影响。其中，受英国政府支持的塞缪尔蒸汽船公司被迫中断了英国利物浦至美国波士顿的航线，而该公司的另一条热门航线英国利物浦至美国纽约也关闭了一年。英国是克里米亚战争的主要参战国，英国皇家海军强行征用了塞缪尔蒸汽船公司的大部分船只。塞缪尔的国际航运已经经营了十多年，而美国资本家的国际航运起步稍晚一些。

在19世纪50年代，受美国政府支持的科林斯蒸汽船公司是比较具有代表性的。科林斯在1850年推出了四艘大型豪华蒸汽船，来往于纽约至利物浦航线。科林斯有美国政府的高额邮政补贴，但由于经营成本过高，加之内部管理不善，科林斯的公司几乎一直在亏本运作。

前面已经说过，范德比尔特在欧洲环游的时候，曾经有法国商业大亨与他联系，希望双方能够合作建设连接美洲和欧洲各大港口的国际航线。当时，他婉言谢绝了。不过，在回到纽约之后，范德比尔特开始思考这个问题，具体的实行因为与摩根和加里森的争斗而延缓了一段时间。直到1854年末，克里米亚战争进行得如火如荼，塞缪尔的国际航运受到严重干扰，而科林斯的公司又十分不景气。

范德比尔特觉得可以利用这个时机大胆地尝试一下，当年12月，范德比尔特从美国邮政蒸汽船公司那里把"北极星号"蒸汽船买了回来，这艘环游过欧洲的名船又回到了老主人的手里。此外，他又委托西蒙逊造船厂造了一艘新船，取名"天王星号"，规格与"北极星号"相仿。

在启动自己的国际航运之前，范德比尔特向美国政府部门提出正式的书面请求，分析了当前情况，介绍了自己的蒸汽船准备工作，并声称自己只需要得到国家支付给科林斯邮政补贴的一半数额，就能够在纽约和利物浦之间完成同样的服务。在相关议案提交到美国国会讨论后，范德比尔特没有获得邮政补贴，虽然他的各方面条件都是合情合理。

国会中的许多人是科林斯的朋友，他们对范德比尔特的业务不予理睬，相反，他们却提议政府应继续帮助科林斯公司扩编。美国总统皮尔斯以扩编主张不合理为由投了否决票，科林斯公司享受高额邮政补贴的待遇却没有改变。对于扩编计划没有在国会通过，科林斯十分恼怒，开始四处散播谣言，说皮尔斯否决扩编计划是因为事先得到了范德比尔特的好处费。

面对这种无中生有的中伤，范德比尔特在《纽约先驱论坛报》上发文驳斥，同时对此种贸易壁垒政策予以抗议，呼吁自由竞争。

塞缪尔的利物浦至纽约航线在关闭了一年后重新运营了，这是1855年的春天，范德比尔特觉得自己首次经营国际航线，应该避重就轻，选择一条竞争不太激烈的航线。

更何况，塞缪尔在利物浦至纽约航线已经经营多年，是资深人士，不如让同样有纽约至利物浦往返业务的科林斯公司去与塞缪尔对抗，或许还会有"鹬蚌相争，渔翁得利"的机会出现。因此，在没有国家邮政补贴的情况下，范德比尔特选择美国纽约至法国勒阿弗尔为航线。当年欧洲环游时，"北极星号"曾经到过勒阿弗尔，也可以说是驾轻就熟。

当年4月，范德比尔特在各大报纸上发布广告，说明了线路、票价，以及承运邮件包裹的优良服务，并声明"天王星号"也将在5月投入到该航线中。科林斯公司一直在亏本，赚不到什么钱，公司股票持续萎靡不振，投资者对年终分红甚至已经绝望了。1856年年中，美国政府将科林斯公司的邮政补贴下调了一半多，这就好比把一颗重磅炸弹扔到了科林斯的头上，该公司在第二年被迫宣布停业。

随后不久，为了给那些望眼欲穿的投资者一个说法，纽约州政府将科林斯公司拍卖了。虽然科林斯公司有点像扶不起来的阿斗，但是美国政府还是没有考虑向范德比尔特发放邮政补贴，"北极星号"和"天王星号"仍然坚持定时定点航行，即使天气恶劣也从不间断。科林斯的公司被拍卖后，范德比尔特的收益情况得到了逐步改善，但他还是觉得与塞缪尔直接竞争的时机不成熟，便转而向实力较弱的波雷曼运输公司发起挑战。

波雷曼运输公司是一家德国公司，其旗下的蒸汽船都是使用多年的旧船。范德比尔特安排"北极星号"和"天王星号"轮流往返于纽约和德国波雷曼，几个月内就将波雷曼运输公司踢出局。同时，范德比尔特又调整了纽约至勒阿弗尔航线，本来这条航线中途要在怀特岛的考斯停一下，现在改为在英国的南安普顿港停靠，因为考斯这个地方相对偏远一些，没有南安普顿港那样方便快捷。

自从"北极星号"和"天王星号"调到别处去后，"范德比尔特号"就负责纽约至南安普顿至勒阿弗尔这条航线的营运，这艘船是刚刚建成的，载重量几乎是"北极星号"的两倍，比同时代开展大西洋航运的任何一艘船都要大得多。而且在1857年这一年，单纯从速度上计算，"范德比尔特号"是塞缪尔公司的船所无法比拟的。

在同时代，除了塞缪尔和范德比尔特，还有一家英国人的公司"英曼运输公司"处于龙头老大的位置。该公司的老板英曼早年经营英国利物浦至美国费城线路，该公司第一次使用蒸汽机驱动螺旋桨的铁甲船，处于国际航运的领先地位，利润方面可以说是赚得盆满钵满。英曼在1856年末将航线调整为英国利物浦至美国纽约，这样便对塞缪尔蒸汽船公司构成了严峻考验，竞争没有使任何一方出局，只不过是相互制衡而已。

从1857年大西洋客运量的数据来看，塞缪尔和范德比尔特各占一成，英曼占两成，其余的六成被许多小规模的运营商分掉，由此可以看出，仅就个人成绩而言，英曼、塞缪尔、范德比尔特是当时大西洋航运的三巨头。美国政府不得不面对这样一个情况，即范德比尔特已经是本国国际航运业务中做得最出色的。国会终于在1858年同意向范德比尔特提供每年90000美金的邮政补贴，这比当年科林斯得到的补贴数额要少很多。

接下来，范德比尔特的大西洋船运业务很稳定，在1858年和

1859年两年里，范德比尔特的客运总量都要略高于塞缪尔。到了1862年，美国国会宣布不再向范德比尔特提供邮政补贴，不过，这对习惯了迎难而上的范德比尔特没什么大影响。

前面已经说过，摩根在缴械投降的时候将"海洋女神号"蒸汽船卖给了范德比尔特。1859年春天，范德比尔特将"海洋女神号"安排进大西洋航运，然后将"北极星号"和另一艘蒸汽船调回来，加入了巴拿马航运，与乔治的美国邮政公司和阿斯宾沃的太平洋邮政公司开始竞争。这两家公司从1856年3月起每月向范德比尔特支付补偿费，条件是范德比尔特不涉足巴拿马航运，因此，两方面一直相安无事。

到了1859年3月，这两家公司获得的邮政补贴被美国政府大幅削减，他们没有能力再向范德比尔特支付补偿费了，而范德比尔特则毫不犹豫地介入巴拿马航线，这个平静了几年的地区因价格战而再次升温。此时，美国邮政公司的老板乔治早已退到幕后，具体事务由一名叫罗伯特的人代管，而太平洋邮政公司的老板阿斯宾沃仍在亲自打理船运业务。

针对巴拿马航线，范德比尔特成立了一家新公司。根据以往在附属运输公司被排挤的教训，这一次，他在新公司的董事会中大量安排自己的亲戚和信赖的朋友，自己担任公司总裁，以确保内部管理不再出问题。就在范德比尔特正处于筹备阶段的时候，罗伯特把美国邮政公司拍卖了，这并不是因为惧怕范德比尔特，而是因为失去了高额的邮政补贴，这家公司已经没有什么油水可捞了，这样，局面变成了范德比尔特与阿斯宾沃单挑对决。

范德比尔特对这场较量是充满信心的，因为价格战一旦打响，没有邮政补贴的太平洋邮政公司恐怕会陷入困境。为了即将到来的价格战，范德比尔特开始积累运作资金，他发行大量的公司股票，抛售给那些具有相当实力的投资者。

阿斯宾沃也没有闲着，他的太平洋邮政公司与巴拿马铁路公司协议合作。巴拿马铁路差不多是在同一时期建成的，它将濒临加勒比海的科隆码头与巴拿马市连成一线，成为连接大西洋和太平洋的重要交通枢纽。科林斯公司被纽约州拍卖的时候，阿斯宾沃从其中买了三艘远洋蒸汽船，并派到纽约至科隆的线路上营运。

价格战从一开始就进入白热化，范德比尔特制定的联运票价（船票+火车票）十分实惠，阿斯宾沃随后跟进，两家公司东线和西线所有蒸汽船的船舱都爆满，乘客确实享受到了低廉而又不错的服务。阿斯宾沃和范德比尔特实际上都不赚钱甚至是亏本航运，唯有巴拿马铁路公司赚得盆满钵满。因为这次价格战是大规模的消耗，双方都有些吃不消了，于是在1860年初展开和谈，并达成共识。

范德比尔特退出巴拿马至加利福尼亚航线，并把该航线上的蒸汽船卖给阿斯宾沃，太平洋邮政公司则把纽约至科隆航线让给范德比尔特，由其专门经营。另外，范德比尔特在阿斯宾沃公司拥有股权，艾伦（范德比尔特的女婿，原附属运输公司副总裁）进入阿斯宾沃公司董事会，实际上是范德比尔特的特派专使。两家公司的合作协议有效期为五年，巴拿马航线的年利润分配比例为范德比尔特占30%，阿斯宾沃占70%。

新的合作格局形成之后，票价立即回升，而公司股价也随着直线上涨，几乎是低迷时期股价的4倍多，没过多长时间，范德比尔特在各大公司的股权汇合起来价值已到2000万美金。10多年前，范德比尔特得知奥斯塔的个人财产是2000万时，便记下这个数额，发誓要超过奥斯塔，经过这么多年的努力，他终于实现了当初的夙愿。

第七章 把铁路线握在手心里

1. 与日俱增的兴趣

美国南部各州与联邦政府的矛盾由来已久。在19世纪20年代末30年代初,为了保护北方各州的工业,联邦政府两次提高欧洲工业产品的进口税费。这项关税政策使南部各农业州十分担心,其中以南卡罗来纳州为代表,因为这些州的主要经济支柱是对欧洲外销大量农产品,如果欧洲各国为了报复而提高对美国农产品的关税,那将会给南方种植园经济造成重创。

对此,南卡罗来纳州议会召开州代表大会,制定并通过了联邦法令废止权条例,宣布新关税法在该州内是无效的。同时,州议会通过相关法令以贯彻该项条例,包括授权组建军队和购置武器装备。为回应南卡罗来纳州的举动,联邦政府通过了"军力动员法",并于1832年冬派遣数艘海军舰船前往南卡罗来纳州的查里斯顿港驻扎,以示威慑。在此后漫长的数十年时间里,为了缓解这种矛盾,联邦政府采取了折中妥协的办法。

具有代表性的是密苏里妥协案和1850年妥协案,其中1850年妥协案是美国国会就有关奴隶制问题在1850年9月通过的五个法案的总称,尤其是其中的第四法案"逃奴追缉法案",规定各州司法机构及地方政府必须尽力协助奴隶主追捕逃亡奴隶,任何白种人只要宣誓,就可以认定某个黑人为逃亡奴隶,凡是以任何方式阻碍追捕或者对逃奴提供庇护的,处以半年以下有期徒刑,或者1000美元以下罚金。

但这些法案的作用也只是延缓危机的出现，维持表面的和平，并没有从根本上解决问题。同时，棉花的丰厚利润使南方对种植园及奴隶制度的依赖愈来愈深，不能自拔，大种植园主尤其是棉花种植者，主导着南方的社会经济和政治。1852年，美国著名女作家斯托夫人出版了她的小说《汤姆叔叔的小屋》。该书堪称一部描述黑奴悲惨生活的血泪史，社会反应极其强烈，尤其是在北方各州，废奴的呼声越来越高。

当然，北方各州也存在支持蓄奴制度的势力，为了争取这些选民的选票，新兴的共和党派最初对黑奴问题的态度比较中庸。共和党人林肯是反对蓄奴制度的温和派，他的观点是竭尽全力制止奴隶制度的扩张，但对已实行奴隶制度的南方各州，联邦政府无法进行强制性废除，所以"逃奴法"仍将继续执行。

1858年，林肯发布演说，提出了自己的解决设想，即鼓励废奴人士对种植园主进行经济上的补偿，并将黑奴迁出蓄奴州，逐渐和平终止蓄奴制度。实际上这个设想如果实行起来将相当困难，甚至可以说是不可能的，南方会不惜一切代价维护其依赖的经济基础。南方各州的蓄奴制度，新移民开始选择工业发达的北方各州作为居住地，这使得北方城市人口规模日益壮大，在国会和总统选举中北方开始占绝对优势。

在这样的背景下，1861年初，林肯成功地当选美国总统，他在施政纲领中提出的《宅地法》及保护关税政策大大削弱了南方种植园主的权益。同时，南北双方在参议院的权力也不再均衡，在总统府和国会的强势控制下，南方各州将不可避免地持续弱势。随着林肯胜选的消息传出，南卡罗来纳州立即宣布退出联邦，其余南方各州纷纷响应。

林肯入主白宫前的短时间里，除了南卡罗来纳州，还有六个州宣布退出联邦，这些州分别是密西西比州、佛罗里达州、阿拉巴马州、佐治亚州、路易斯安那州、得克萨斯州，这些以棉花种植园农业及黑奴制占主导地位的州于1861年2月成立了美利坚联盟国（通常称为南方邦联），并且依据美国宪法自立政府，推举来自肯塔基州的杰斐逊·戴维斯为总统。

1861年4月，南方邦联将领波雷加德率军向位于查里斯顿的北方军驻扎地发起攻击，打响了内战第一枪，林肯政府被迫应战，南北战争全面爆发。随后，弗吉尼亚州、田纳西州、北卡罗来纳州、阿肯色州也先后表决宣布退出联邦，加入南方邦联，"叛乱州"的数量达到11个。由于南方对内战早有准备，所以战争初期，林肯的北方军接连失利。

因为担心南方军队会打到这里，商业航运恐怕会遭到极大破坏，范德比尔特开始积极帮助林肯政府，把旗下可以调用的优良蒸汽船租借给海军，他觉得这是在国家分裂内战的情形下一举双得的生意。当然，这件事情并不是一相情愿就能做成的，他需要美国军方的首肯。为此，范德比尔特向联邦海军部递交了正式的建议书。出乎意料的是，海军部并没有立即答应，似乎不太热心。

原因很简单，范德比尔特的蒸汽船不是先进的螺旋桨驱动，而是传统的依靠船身两侧的明轮驱动。如果在海面上遭遇战斗，显眼的明轮会成为敌方舰船攻击的重点，一旦明轮被毁，整艘船就动弹不得，只能被当成靶子打，最后变成埋葬水兵的棺材。不久后，因为缺少运兵船，海军部从范德比尔特那里租了几艘船，根据船只大小规格，租金为每月27000美元至60000美元不等。

到了1862年春天，林肯政府的一艘军舰与南方邦联的"梅利迈克号"军舰爆发了一场海战，两艘船的武器装备不相上下，谁也没有占到便宜。没过几天，联邦战争部的艾德文部长致电范德比尔特，询问他如果有能力击沉"梅利迈克号"，并且愿意出马，需要联邦政府付给他多少钱。

这让人有点匪夷所思，联邦海军竟然要求一个蒸汽船运营商提供支援。究其原因，只有一种解释说得通，那就是海战过后，联邦海军意识到"梅利迈克号"的战斗力十分强大，如果它再次突袭北方舰船，恐怕会造成联邦海军的严重损失。与其如此，不如主动出击，于是便想到了派范德比尔特的船打头阵。

在林肯总统上任后不久，范德比尔特曾与林肯共进早餐，地点是在格林内尔家的餐厅里。格林内尔曾在19世纪30年代与范德比尔特开展过航运竞争，前面已经介绍过，两个人的私交还是不错的。就这样，在格林内尔家的偶遇成了林肯总统与范德比尔特见的第一面。这一次，在接到战争部部长艾德文的电报后，范德比尔特马上从纽约赶到华盛顿，与艾德文进行磋商，林肯总统也接见了他。

范德比尔特信心满满，他向林肯和艾德文表明，自己愿意无偿为联邦政府效劳，确保击沉"梅利迈克号"。具体想法是出动自己旗下最大的蒸汽船"范德比尔特号"，该船载重量有四千五百吨，可以在规格上对"梅利迈克号"形成优势。另外，拆除那些碍手碍脚的设施，加设火炮，再在船首部位装置撞击锤，以便于船只加速时撞击敌船。

最后，花大气力对"范德比尔特号"进行伪装，使对方看不出这是一艘攻击型的蒸汽船，希望借此可以把"梅利迈克号"打个措手不及。林肯总统和艾德文部长十分赞赏这个计划，授权范德比尔特指挥此次行动，联邦海军也向船上调派了军官和水兵，由范德比尔特调配这些人的岗位。关于范德比尔特如此积极地直接参与军事行动，恐怕会有人深感讶异。

探究其中的原因，一方面，我们不能否认范德比尔特萌发出了爱国之心；另一方面，是范德比尔特的个人英雄主义情结在鼓动他。如果行动成功，他的名气和影响力将登上一个新的台阶，范德比尔特对创造纪录和超越别人一向有着十足的激情。

准备停当后，"范德比尔特号"蒸汽船开赴"梅利迈克号"经常出没的港湾。范德比尔特命令船员使蒸汽机不间断地运作，只待"梅利迈克号"出现，就全速冲过去，将其击沉。不知是出么原因，"梅利迈克号"始终不见踪影，似乎是在有意避战，范德比尔特只能空空地等着。过了一段时间，从军队方面传来消息，南方军在陆战失利后撤退，为了不使"梅利迈克号"被北方军缴获，南方军把这艘船炸毁了。

这个本来可以成为美谈的传奇故事就这样有始无终地结束了，没有当成英雄的范德比尔特回纽约继续做生意，以自己的名字命名的那艘船则被编入联邦政府战争部，继续为北军效力。1862年末，范德比尔特依旧向联邦政府提供运输服务，不过这其中也发生了不愉快的事情，他用一个代理人管理这方面的运输，这个代理人是个极其猥琐唯利是图的家伙，名叫梭德。

当时，一支庞大的联邦军队要乘船开赴新奥尔良地区，由于船只不够用，梭德便毫不考虑后果地将几艘破烂船拉出来充数，并向政府索要高额租金。当然，那些乘坐"北极星号"的军官们舒适而顺利地到达目的地，而拉载着士兵的破烂船却被迫在海面上返航，因为如果再勉强走下去，船上的士兵就要葬身大海了，这足以让南方军笑掉大牙。

为此，联邦军将领十分愤怒，虽然范德比尔特立即出面解释说自己毫不知情，但这个事件造成了行军的迟缓，影响相当恶劣。至于范德比尔特和阿斯宾沃共同经营的巴拿马航线，倒并没有因内战而受到太大的影响，只是偶尔会有南方邦联的舰船进行骚扰。

1862年末的一天，"天王星号"蒸汽船在航行途中被南方舰船"阿拉巴马号"拦截。巴拿马航线的船回纽约时通常会将西部的金子运回，碰巧这一天，"天王星号"没有拉金子，否则就会被洗劫一空了。望着船舱里黑压压的乘客，"阿拉巴马号"的舰长施托莫斯打算把这群人连同船员一起赶下船，然后把"天王星号"彻底毁掉。

如果真的这样，范德比尔特的损失就大了。幸好最终有人站了出来，好言劝说施托莫斯，施托莫斯放弃了炸船，但强迫"天王星号"的船长写了一张数额为25万美金的欠条，作为放行费。没过多久，范德比尔特就通过相关途径支付了这笔钱。

这样做是明智的，因为范德比尔特的那些蒸汽船虽然也备有武器，但毕竟是从事客运的商业轮船，对付小股海盗还可以，如果与南方舰船针锋相对的话，会遭到对方的疯狂报复，巴拿马航线极有可能在半路上被切断，这等于切断了范德比尔特公司的大动脉。该服软的时候还是要服软，范德比尔特虽然争强好胜，但在关键时刻也绝不缺乏理性。

1862年，范德比尔特的儿子乔治随部队参加了夏伊洛战役，这场战役打得十分惨烈，北方联邦军在格兰特将军的指挥下反败为胜，损失了一万多人，乔治没有受伤，却在战场的恶劣条件下感染了肺炎，以此被批准退役。范德比尔特一直就盼望着乔治能早日退役，好接手庞大的家族企业。在三个儿子中，他最看重的就是乔治，如今，儿子终于回到自己身边，却身患重病。

对于乔治，范德比尔特是从不吝惜钱财的，他把儿子安排进纽约的医院治疗，后来又接到别墅里静养。1863年秋，哥哥威廉一家人护送着弟弟乔治去一个疗养胜地，或许家里的每个人都毫不怀疑，乔治一定会恢复健康。不幸的是，在这一年的圣诞节后没几天，年轻的乔治离开人世。这是继母亲菲碧病逝后，范德比尔特遭到的又一次沉重的打击。在范德比尔特家族墓地，乔治的新坟就坐落在老康内留斯和菲碧的旁边。

五个月后，范德比尔特从西蒙逊造船厂买了一艘远洋蒸汽船，或许是因为无法安下心来搞航运，这艘新船在纽约和科隆码头往返了两次后，就被范德比尔特卖给了西线的阿斯宾沃公司。范德比尔特的女婿艾伦刚刚成立了一家新公司"大西洋邮政公司"，范德比尔特顺便把自己在东线其余的蒸汽船卖给了艾伦。自此，范德比尔特退出了巴拿马航线的管理，艾伦接替其岳父的业务，与阿斯宾沃合伙经营巴拿马航线。

在这一年，一向精明的范德比尔特还吃了一回"哑巴亏"。两年前的那艘"范德比尔特号"一直为联邦政府效力，范德比尔特从没有表示要把这艘船免费送给政府。但是，联邦政府包括林肯总统本人都误会了，以为这艘船早已捐给政府了。于是，在这一年，美国国会决议授予范德比尔特金质勋章，以表彰他的慷慨之举和爱国情怀。

得知自己即将被授予勋章及获奖理由，范德比尔特先是破口大骂，后来又无奈地表示这艘船只能将错就错地送给政府了，如果此时出来为自己的初衷解释，只会被人们看成寡廉鲜耻的小人。抛出其中的被迫成分，范德比尔特可以成为那个时代最大方的爱国人士了。

在美国东部与西部之间的乘客和邮件包裹越来越多的时候，范德比尔特却把业务让给了别人,这不得不让人感到奇怪。更何况,他从白手起家时就搞航运,风风雨雨已历经半个世纪,这更显得此次的退出突兀而又冷漠。

原因之一是联邦政府提供的邮政补贴越来越少,虽然从航运业务的整体上看还是赚钱的,但已经有点吃力了,因为内河和沿海水域早已不存在垄断,只要有资本,任何人都可以参与自由竞争。原因之二是范德比尔特对铁路运输的兴趣与日俱增,如果一个人掌握了一条铁路线,那么他面对的竞争可以说是少之又少,不像船运航线,除非有政府的明令支持,否则会有各种各样的船在眼前游来游去。

早在20年前,范德比尔特就涉足铁路事务了,不过,那时的他对铁路的兴趣没有此刻浓厚,只是为了蒸汽船能更好地与铁路接驳,获得更多的客流。例如投资长岛铁路并进入董事会,因普罗威登斯航线的变更而参与史东林顿铁路,还有哈特伍德至新港铁路,参与这些项目都是为了更好地调整自己的蒸汽船线路。

此后,他对铁路的投资更多的是出于对先进运输方式的认同感,也是在为自己未来的事业做铺垫。1849年,就是范德比尔特决定开启尼加拉瓜航线的那一年,他对纽约至新港铁路以购买股票的方式进行投资,并担任了该铁路公司董事一职。

2. 空前激烈的股票大战

1794年出生的范德比尔特已经快70岁了,其实以他的财富和地位,他完全可以功成身退颐养天年了,但范德比尔特仍没有停下积极进取的脚步，也没有放弃从事了大半生的蒸汽船航运，他马上致力于铁路事业，只用了短短几年时间就成为赫赫有名的铁路大亨。

值得注意的是，范德比尔特从没有自己掏钱修建铁路，而是对已有的铁路项目进行考察，觉得有发展前途的便用股票投资的方式进行购买，之后以令人匪夷所思的效率运转并向外扩张，把一切可能性都挖掘出来并将其作用发挥到极致。

早在范德比尔特结束欧洲环游，与摩根及加里森纠缠不休的那一年，他就开始注意纽约的哈林铁路。该铁路的北端与西部铁路相接，西部铁路连接着奥尔巴尼和波士顿，哈林铁路可以间接到达上述两个地区。哈林铁路建成于1852年，该铁路从纽约的曼哈顿出发，到达哈林，终点是哥伦比亚郡的查塔姆镇，一路上经过许多偏僻的村庄。在那些资本者的眼中，这是一条价值不大而又没有什么前景的铁路。

的确，哈林铁路的年客运收入甚至赶不上一艘远洋蒸汽客轮的年收益。此外，哈林铁路的物资运输也比较单一，只是把曼彻斯特郡和哥伦比亚郡的农产品运送到纽约市区，其中牛奶是每天都要运到纽约市区里的快速消费品。为此，纽约的报纸在对现行的铁路股票作评论时说道，哈林铁路公司股票在所有同类股票中是价值最低的。

但是，范德比尔特注意到了一个情况，哈林铁路和哈德逊河铁路是能够直通纽约曼哈顿的仅有的两条铁路，如果别的铁路公司的火车想从纽约东面进入纽约市区，就必须使用哈林铁路的铁轨，当然，这是要支付使用费的。

于是，在那段时间里，范德比尔特除了要应对附属运输公司的麻烦，还要经常抽出时间来考察哈林铁路。他随身带着午饭，骑马沿着铁路线游荡，走累了就返回。范德比尔特还经常向火车售票员询问一些具体细节，比如沿线的村民是否排斥铁路，牵引机车的数量和性能，以及每天运送农副产品的重量等等。

经过了长时间的实地考察，范德比尔特得出结论，哈林铁路公司之所以有着如此良好的地理优势却始终不景气，完全是因为铁路公司的管理不当。同时，范德比尔特还了解到，哈林铁路公司在纽约州政府取得铁路运营权的时候，纽约州政府曾指示纽约市议会，让后者在恰当的时候将纽约市内公交线路授予哈林铁路公司独家经营。

如果这个项目能够落实，那简直就是掘到了一个聚宝盆。为此，范德比尔特开始持续购进哈林铁路公司的股票。他在心里盘算着，等将来的某天自己手里积聚的股权可以掌控该公司的管理权时，他会让那些庸才见识一下什么才是高效率的管理。范德比尔特对此充满信心，就像他带领蒸汽船队纵横四海时一样。

当然，对于哈林铁路公司来说，尽管纽约州政府有言在先，但要纽约市议会尽快把公交线路的问题落实，还是要上缴好处费的。具体协议是如果公交线路正式营运，年利润的1/10上缴给市政府。哈林铁路公司抛出的这个蛋糕的确诱人，也可以说是花了大价钱。

对此，纽约市议会在1863年4月把纽约市内最好的百老汇公交线路授权给哈林铁路公司经营。具体路线是从联邦广场出发，沿百老汇大街到达巴特利。这个繁华地段的客流量在全美国的城市里都处于遥遥领先的地位，甚至还有好事者粗略地估算了一下，最后得出的结论是有上亿人次每年由此经过。

哈林铁路公司将这么好的公交项目拿到手，所有人都觉得该公司的股票一定会大涨特涨，事前就得知消息的投机商们大量购进该公司股票，许多市议员也没闲着，以个人名头购进哈林股票。按理说，就在这形势一片大好的局面下，股票持有者应该攥紧股票，坐等股价像温度计里的水银柱一样上涨。但事实却并不是这样，许多投机商觉得哈林铁路公司股票应该做空，卖空哈林股票的暗流开始涌动。

卖空是一种股票界的投资术语，就是高抛低补，指股票投资者预期某种股票价格将来会下跌，便在股价高位时从经纪人手中借入该股票抛出，在发生实际交割前，将卖出股票如数补进，交割时只结清差价。如果日后该股票价格果然下跌时，再以更低的价格买进股票归还经纪人，以此形成的中间差价便是利润。

华尔街上为什么会出现卖空哈林股票的暗流呢？从此后的事情发展结果看，是以丹尼尔·德鲁为代表的投机商与持有哈林公司股票的市议员们互相勾结，妄图借此机会操纵股票大捞一笔，这就是出现卖空暗流的原因。因为相关证券及股票的法律法规漏洞百出，政府官员参与其中谋求私利是不会令人惊讶的。

面对如此情形，范德比尔特不动声色地继续购进，对于大量被抛出的哈林铁路公司股票，他一概收入囊中。而且，对于自己的所作所为，范德比尔特也丝毫没有要掩人耳目的意思，有一种"虽千万人吾往矣"的气魄。

因为取得了百老汇公交线路的经营权，哈林铁路公司的股票在1863年5月中旬涨至巅峰状态，每股价格近117美元。也是在这一天，卖空者开始疯狂抛出，卖空暗流变成了卖空风暴，华尔街上呈现出大战在即的氛围。风暴背后的始作俑者就是丹尼尔·德鲁，他此时任哈林铁路公司的董事。范德比尔特自从1831年与德鲁相识，到这时已经32年了，两人时而竞争，时而合作，可以说是关系复杂，纠葛不断。

这一回股票大战，两人又站在了对立面，德鲁推动卖空风潮，而范德比尔特则依靠自己的雄厚资本将这些卖空股票全部接住，跟随范德比尔特的只有为数不多的几个坚定盟友。到了6月末，在那些居心不良的市议员的操控下，纽约市议会宣布取消哈林公司的百老汇公交线路经营权。

消息一出，哈林公司股票价格如同崩倒的山一样下跌，降至每股72美元，那些卖空者早已在股价巅峰状态时抛出了股票，只等股价跌至谷底的时候再买进。另外，他们还得意洋洋地等待着无限量购进股票的范德比尔特一败涂地。不过，那些投机商和市议员并没有看到预期的局面。

在范德比尔特及其盟友的全力逼空下，哈林铁路公司的股票没有继续下跌。就在百老汇公交线路经营权被宣布取消的第二天，股价由前一天的每股72美元回升到每股97美元，第三天又升至106美元。对此，报纸这样解释道，投机者们卖空的股票已经超过了哈林铁路公司的总股本，而股票此时掌握在范德比尔特及其盟友手中，投机者们要履行合同进行交割就必须从范德比尔特手里购买股票。

随后，《纽约先驱论坛报》发布了统计数字，如果要满足交割行为的需求，投机商们至少要向范德比尔特购买五万股股票。那些妄图操纵股票大赚一把的市议员惊慌失措，他们请求范德比尔特在现有价位上卖给他们股票，好让他们完成交割，从卖空合同中解脱出来。对此，范德比尔特断然回绝。

为了缓和事态，市议会又重新宣布恢复哈林铁路公司的百老汇公交线路经营权，希望范德比尔特能网开一面，放他们一条生路，不要赶尽杀绝。对于这些市议员，范德比尔特考虑到将来经营铁路仍避免不了和他们打交道，如果真的彻底撕破脸皮对自己的商业活动也没什么好处，所以允许他们以94美元的价格从自己这里购买股票，完成交割。

但对于剩下的投机商们，范德比尔特不会有丝毫的怜悯，在那个炎热的夏季里，他运转自如地推动股价上涨，巅峰状态时达到每股180美元。投机商们除了诅咒和谩骂之外别无他法，为了从卖空合同中解脱出来，在此期间他们不得不以高价平仓。平仓也是股票术语，说白了就是"原先买入的就卖出，原先卖出的就买入"。

在这场华尔街金融史上最大的股票囤积战中，范德比尔特一举击败了那些最老练的投机商。人们惊讶于一直搞航运的船长在股票大战中竟有如此的霹雳手段，不仅围歼了空头市场的投机商，也让纽约市议会的无耻嘴脸彻底败露。德鲁在此次大战中损失了100万美元，并且为自己总结了教训："如果把不是自己的东西卖空，那么早晚还得把它买回来，否则就只能蹲监狱了。"

不过，由以后发生的事情来看，德鲁这句话也就是说说而已，背信弃义这个词几乎主导了德鲁的整个人生。形成鲜明对照的是，范德比尔特在大战中获利500万美元，这样他不仅完全掌控了哈林铁路，也使自己向亿万富豪的宝座迈进了一大步。

范德比尔特已经是哈林铁路公司的总裁，他的首要任务就是尽快开通百老汇公交线路。可就在当年10月，该项目又遇到了波折。不甘心失败的敌对势力贿赂了纽约州高等法院的法官。因此，纽约州高院宣布哈林公司不具备开通百老汇线路的权利，如果要开通，则需要重新修订哈林公司章程并得到纽约州立法会的通过。

而这时百老汇项目已经开工建设了，万般无奈的范德比尔特只好赶赴纽约州政府的办公地奥尔巴尼，向法官和州政府官员提供好处费，请求他们帮助。这又是一笔不菲的开销，得到的也只是他们的口头承诺。可是事情远没有那么简单，德鲁和一些投机者也来到州政府，名义上是为了帮助哈林公司的合理诉求得到落实，实际上是贼心不死，想再次把水搅浑，图谋打击范德比尔特。

德鲁暗地里开始与州议员们接触，鼓动他们将哈林股票卖空，然后驳回百老汇经营权法案，这样每个人都能赚到盆满钵满。可以看得出，德鲁的计划简直就是上一年失败计划的复印件，毫无新意。令人大跌眼镜的是，这些州议员不仅听从了这个愚蠢的计划，而且还迫不及待地开始实施。他们应该清楚地知道，就在上一年，纽约市的政客们和投机商是如何被范德比尔特一网打尽的。

可是，这些州议员们如同闻到了血腥味的食肉动物，无法控制自己，义无反顾地扑了上来，把前车之鉴远远地抛在了脑后。对此，华尔街的金融人士在回忆这段史实时，也无法解释清楚，只能在回忆录中对那些州议员的智商表示怀疑。

1864年初，即第一次股票大战结束几个月后，哈林铁路公司的股票价格回归到正常价位，为每股90美元。州政府官员口头承诺的消息传出后，股价在此基础上上涨，到了3月末，每股为140美元。以德鲁为代表的投机集团就在此价位上卖空哈林公司股票。在随后召开的哈林公司章程修订案听证会上，纽约州铁路委员会不同意通过该议案，这个负面消息立即被报纸报道出来，哈林股票的价格跌至每股101美元。

这对那些投机者来说是个绝好的机会，如果他们此时选择平仓，就可以拿到一大笔钱。可怜的是他们发昏了，"无耻的骗子"德鲁也发昏了，这些人贪得无厌地期望股价会降至50美元，那时他们拿到的利润会翻倍。商场犹如战场，机会稍纵即逝，胜利的天平开始向范德比尔特那边倾斜。

范德比尔特把自己的铁杆盟友召集在一起，经过商议，他们集合了500万美元的资金进行逼空，开始将投机者抛售的股票全部购进。如同上一年的情形一样，股价并没有像投机者期望的那样继续下跌，纽约证券交易所在3月末开盘显示哈林股票价格为每股109美元，紧接着又涨至125美元。

那些州议员看见形势不妙，就集合起来通过了一项决议，宣布允许范德比尔特增发价值300万美元的哈林股票。这是一个阴谋，因为大量增发股票的消息通常会使该股票价格下降。投机者们玩起了舆论宣传心理战，但仍旧于事无补，范德比尔特及其盟友强势逼空，硬是撑起股价上涨，不留给对手一丝喘息的余地。到了4月末，哈林股票价格为每股224美元。到了5月中旬，每股价格为280美元，范德比尔特及其盟友完全掌控了一切。

接下来的事情就简单多了，就是让那些头脑发昏的州议员知道什么是自作自受。当有人问范德比尔特，接下来他要做什么时，范德比尔特如同一只雄狮怒吼道："让股价飙升到1000美元吧！"如果范德比尔特真的将股价操纵至1000美元，华尔街上半数的金融机构将会关门倒闭，不知有多少人会倾家荡产，同时也会造成巨大的社会恐慌，其后果可以说是无法想象。此刻，"范德比尔特式的恐怖"让那些投机者骨如筛糠。

在此紧要关头，范德比尔特的盟友伦纳德站了出来。这个富有远见和理智的人劝说范德比尔特要适可而止，以免结下血海深仇，这样对以后的人生道路和商业道路都是有益处的。伦纳德的劝说起了作用，同时，纽约州立法会宣布对哈林公司章程修订案予以通过。

冷静下来的范德比尔特最终答应,允许那些投机者以每股285美元的价格购买哈林股票进行平仓。根据范德比尔特自己的叙述,在这场交易中他获得了200万美元的利润,在他名下的哈林公司股票已接近3万股。至于不知悔改的德鲁,他的损失和上一次差不多,但他依然算得上是个富翁。

第二次哈林股票囤积战就此落下了帷幕,而且今后也不会出现第三次了。华尔街上的人士甚至编出了这样的谚语:卖空哈林股票等同于自掘坟墓。还有人把两次股票大战比拟为历史上的坎尼会战,迦太基统帅汉尼拔以"半月阵形"围歼了数万罗马大军,而范德比尔特以同样高妙的手段两次围歼了熊市投机商。

3. 中央铁路

1864年夏天,哈林股票囤积战的硝烟渐渐散去,哈林铁路公司就内部人事管理进行了重新分配。丹尼尔·德鲁的董事资格被撤销,这是理所当然的,他自己也不会感到惊讶或者委屈。进入公司董事会的新成员有范德比尔特的儿子威廉·亨利,其余的是范德比尔特的重要盟友。

威廉从19世纪40年代开始踏踏实实地经营父亲指定给他的农场,种植燕麦、土豆等各类农作物,并从中获得了很好的收益。富足之余威廉还购买了新的地产,渐渐成为史坦顿岛上受人尊重的社区管理者。自弟弟乔治在1864年病逝后,威廉成为唯一能够继承范德比尔特庞大事业的人选。而且二十多年来,威廉从没有向父亲范德比尔特伸手要过钱，加之威廉的经商管理能力日渐成熟，范德比尔特对此非常满意，同时也把全部希望放在了威廉身上。

1851年的时候，史坦顿岛铁路开工修建。这是一条小铁路线，从汤普金斯维尔北部到史坦顿岛西部的托腾威尔，全长只有24公里，公司的全部家当除了铁轨外仅有3个火车机车和6节车厢，堪称精致入微的铁路公司。

到了1860年，这条铁路的发展还是停滞不前，范德比尔特向其投入了大笔资金，并主导了史坦顿岛铁路。为了锻炼儿子的能力，威廉也在父亲的安排下进入该公司董事会，并担负起日常管理的职责。令范德比尔特感到欣慰的是，威廉把公司和火车调度安排得有条不紊，完全成为了一个商界新秀。

有了这些铺垫性的经验，威廉不仅进入了哈林铁路公司董事会，还在父亲的主持下担任哈林铁路公司的新任总裁兼首席执行官。为此，威廉带着妻儿搬离史坦顿岛，在纽约市区安家，这样方便自己每天上班，全身心致力于铁路事业。

前面已经说过，哈林铁路之所以效益不好是因为管理不善，火车车厢破败不堪，卫生条件很差，经常晚点也让乘客抱怨不已。威廉接过管理权后，着力扫除这些弊端，短时间内就改善了公司的财务状况，不仅赢得了乘客的青睐，连范德比尔特也为儿子的出色表现惊讶不已。同一年，范德比尔特进入哈德逊河铁路公司董事会，该公司的总裁是约翰·托宾。他是范德比尔特的坚定盟友，在两次哈林股票囤积战中都坚定地站在范德比尔特阵营，为范德比尔特的两次成功出了很大力。

1865年，托宾将总裁的职位让给范德比尔特。与此同时，儿子威廉也进入该公司董事会给父亲做帮手，担任哈德逊河铁路公司副总裁，负责铁路的具体经营。这样，哈林铁路和哈德逊河铁路完全由范德比尔特父子掌握，成为范氏商业帝国的一个重要组成部分。

威廉将哈林铁路公司和哈德逊河铁路公司合并经营，他调整了列车时刻表，使两条铁路上的火车班次相辅相成，极力避免内部冲突，把利润的最大化作为其经营目标。同时，哈德逊河上一直没有修建方便的铁路桥，这对哈德逊河铁路的发展造成了长期的阻碍。乘客如果想从纽约市去布法罗（又称水牛城，纽约州内仅次于纽约市的第二大城市），要先乘坐哈德逊河铁路的火车，之后在哈德逊河河边下车，由轮渡统一拉载他们过河，然后换乘中央铁路的火车到达布法罗。如果是货运列车，是没有办法中途卸货的，只能沿着哈德逊河畔长途行驶，到达小镇特罗伊附近，在那里的一座桥上跨过哈德逊河，整个行程非常绕远。

为了尽快解决这个问题，范德比尔特以个人身份购买了哈德逊河铁路公司总额为60万美金的抵押债券，这样公司就获得了修建工程的流动资金。另外，范德比尔特还邀请了中央铁路公司和西部铁路公司，三方面合作修建铁路桥，因为这也是一项互利互惠的工程。铁路桥很快就建好了，这是一座桁架桥，以桁架作为上部结构主要承重构件的桥梁，全长61米。

至此，中央铁路、西部铁路、哈林铁路、哈德逊河铁路，四条铁路连接成一片，乘客可以自由自在地出行，再也不用被迫中途下车去坐船过河。还是在十多年前的时候，铁路行业正在兴起，连接布法罗和纽约州政府所在地奥尔巴尼的小铁路纷纷杂杂地修建了好几条。到了1853年，在将这些小铁路线整合的基础上成立了中央铁路公司。

多年以来，中央铁路公司的许多执行者同时也是哈德逊河铁路公司的股东，但这样的联系并没有使两家公司亲密起来。原因是哈德逊河铁路桥没有修建之前，如果乘客从布法罗方向去纽约曼哈顿，那么通常的路线是乘中央铁路的火车到哈德逊河边，坐渡船过河，乘哈德逊河铁路公司火车直达曼哈顿。

但是，中央铁路公司却不愿意设置这种换乘服务，因为该公司的高层人物科宁和利斯曼在许多内河蒸汽船航运业务中拥有股份，所以科宁和利斯曼总是将去曼哈顿的乘客送到蒸汽船上，这造成了哈德逊河铁路线上回程的客流相当少。只有到了冬季，中央铁路公司才会与哈德逊河铁路公司短暂合作，因为此时河面结冰，蒸汽船无法开展内河航运。

说起来也是很有诗意的场景，乘客从中央铁路下车，携带着行李乘坐雪橇越过冰封的河面，换乘哈德逊河铁路公司的火车。冬季是短暂的，其余的大半年乘客都被送去坐蒸汽船了，为此，哈德逊河铁路公司的效益处于低谷的时间长达十年之久。范德比尔特和威廉接手该公司后，便立即动手修建铁路桥，目的就是为了摆脱这种被动不利的地位。

当然，在三方合作修建铁路桥之前，发生的一件事情改善了哈德逊河铁路公司和中央铁路公司的关系，该公司的总裁科宁和大股东利斯曼很愉快地接受了范德比尔特的合作邀请。1864年，中央铁路公司董事会内部发生争斗，一些人鼓噪着要挑动科宁和利斯曼的地位，为此，科宁和利斯曼开始寻找实力雄厚的大亨结为盟友，作为外援以确保两人在本公司的地位。

范德比尔特不早不晚地出现了，可以肯定他也想与科宁及利斯曼接触，为以后的合作做铺垫。三个人达成了同盟，范德比尔特购买中央铁路公司的几千股股票，变成了该公司具有投票选举权的一位股东。这一年中央铁路公司举行年会选举，范德比尔特全力支持科宁，确保了科宁的权力地位。

那一小撮上蹿下跳的造反者几乎立即安静下来，他们清楚地知道范德比尔特这位老船长的威力，一个能把华尔街搅得风生水起的人，收拾几个小毛贼简直是信手拈来。科宁和利斯曼为了表示谢意，引领中央铁路公司与哈德逊河铁路公司达成了多项合作协议。于是，就像前面描述的那样，哈德逊河铁路桥在良好的气氛中很快屹立起来。不久，科宁辞去中央铁路公司总裁职位，由利斯曼继任。

1865年这一年，厮杀了四年多时间的南北战争终于结束了。战事后期，联邦大军已经攻入了南方邦联腹地，战斗都在其本地进行。北方的民众除了看报纸了解战事的进展，几乎感受不到遥远之地的硝烟弥漫。北方的商业也没有受到什么大的影响，甚至还有许多人发了战争财。

年迈的范德比尔特早已不像当初指挥"范德比尔特号"要击沉"梅利迈克号"时的样子，人生道路已走完大部分，余下的光阴不知还有多少，他要利用一切时机与条件完善自己的铁路王朝。1866年夏末，中央铁路公司总裁利斯曼突发疾病身亡，一向有条不紊经营的公司顿时群龙无首，局面变得混乱起来。

外部势力开始乘虚而入，铁路资本家亨利·吉姆，银行家威列姆·法格，银行家来戈兰德·罗克福德组织成一个三人帮，开始拼命购买中央铁路公司的股票，期望以股权控制该公司。在他们的疯狂运作下，到了当年圣诞节前后，中央铁路公司股价在原基础上被推增了46%。

同时，三人帮的目的也达成了，他们拥有的具备公司投票权的股票已经超过了该类股票的半数，也就是说，他们可以随心所欲地敲定总裁人选。接下来的事情就简单得多了，他们自己任命自己，吉姆做总裁，法格做副总裁，罗克福德做董事。

随后，他们开始找范德比尔特的麻烦。或许在他们眼中，范德比尔特没有那么厉害，也或许是他们意犹未尽，把哈德逊河铁路确定为下一个收购目标。总之，先前利斯曼与范德比尔特达成的多项合作协议被中央铁路公司的新主人宣布作废，包括利斯曼曾经答应的每年向哈德逊河铁路公司提供十万美金赞助费的协议也泡汤了。

此时正是冬季，哈德逊河冰封百里，因为铁路桁架桥在前一年就建好了，以前的行李搬运工和马拉雪橇车夫也早已被辞退。范德比尔特就以此为出发点，展开了对中央铁路公司的反击计划。

在第二年的1月中旬，范德比尔特在纽约各大报纸上发布哈德逊河铁路公司声明，文字写得很和缓，整体表达的言外之意就是哈德逊河铁路公司不再与中央铁路公司开展联运合作，在声明的末尾处，还加了一句提醒乘客的话："伊利铁路是一条从布法罗直达纽约的线路。"

这就是范德比尔特风格的"非暴力不合作"，他把刚刚建成的铁路桥空在那里，又劝乘客选择方便快捷的伊利铁路（范德比尔特在伊利铁路公司拥有股份）。总之，就是要把中央铁路公司晾在一种四面受困的尴尬境地。预期效果在一个星期内就达到了，中央铁路公司承运的货物甚至堆积在站点上，无法及时运出，因为通向纽约曼哈顿的铁路线都在范德比尔特的掌控范围内。

焦头烂额的吉姆终于意识到，除了让范德比尔特平息怒火之外别无他法，他宣布每年向哈德逊河铁路公司提供十万美金赞助费的协议仍然有效。这项举措在一定程度上缓和了两家公司的矛盾，但纠纷依然存在，而且范德比尔特的想法也发生了变化，他开始持续吸收中央铁路公司的股票，希望在不久的将来把中央铁路也纳入自己名下，与哈林铁路及哈德逊河铁路连成一片。

到那时，范德比尔特就形成了自己的铁路体系，进可攻退可守，可以从容地面对来自任何方向的威胁和挑战。关于范德比尔特的这个雄伟构想，吉姆在无形中也帮了大忙。在接下来的半年多的时间里，吉姆拙劣的管理水准把中央铁路公司弄得一团糟，公众对其信任度下降，竞争对手又趁机实施价格战，整个公司的业务和利润可以用伤亡惨重来形容。

1867年11月，中央铁路公司召开股东大会，该公司的元老级人物纷纷表态拥戴范德比尔特担任新总裁。吉姆、法格、罗克福德三人帮被彻底扫地出门，同时，公司董事会也进行了大换血，范德比尔特的儿子威廉，女婿妥兰斯进入董事会，其余选出的新董事都是值得信赖的人，妥兰斯同时担任公司副总裁。

至此，范德比尔特实现了三条铁路联运的构想，在1868年这一年里，联运带来的客流是过去的整整一倍。到了年末，给公司股东原定的分红比例也因为年利润超额丰厚而提高了两个百分点。1869年，三条铁路合并成立了一家新公司，即纽约中央与哈德逊河铁路公司，75岁的范德比尔特终于成为了名副其实的铁路大亨。

在这一时期，美国中西部的各个城市到达纽约的客运和货运服务有三条主要干线支撑，即中央铁路、宾夕法尼亚铁路的伊利铁路。前面已经说过，范德比尔特在伊利铁路中拥有股份，但范德比尔特还没有掌控伊利铁路的意思，他只是希望三家铁路公司能够达成价格同盟，各自妥善经营，这样即使处于竞争状态也能相安无事。同时，范德比尔特对自己拥有的客流量也是有着十足的信心。

但树欲静而风不止，德鲁、古尔德、菲斯克这三个人很快控制了伊利铁路。尤其是德鲁，他对经营铁路一点兴趣也没有，满脑子都是以操纵公司股票大发横财。另外，德鲁这个人的品行，我们也是再熟悉不过了。古尔德是土生土长的纽约州人，他天生身材瘦弱，总是一副营养不良的形象，但在智力上，他是一个金融天才。

与范德比尔特迥然不同的是，古尔德对结发妻子极为忠诚，而且酷爱读书，闲暇时也不喜欢参加户外运动，总是安安静静地待在家里研究园艺。范德比尔特曾经讽刺古尔德为"娘娘腔"，但就是这个娘娘腔帮助德鲁出谋划策，把范德比尔特绊了一个大跟头。至于另一个搭档菲斯克，他出生于"绿岭之州"佛蒙特州的一个小商贩家庭，早年最擅长的就是走私棉花，他的无耻程度直追德鲁，甚至有过之而无不及。

有评论人指出，菲斯克的无耻已经到达了顶点，可以被崇拜者模仿，但永远都不会被超越。在被选进伊利铁路公司董事会时，古尔德和菲斯克这两个年轻才俊第一次碰面，古尔德的话非常少，每说一句似乎都要经过深思熟虑，而菲斯克口无遮拦，什么样的下流玩笑他都可以随口而出，这两个人的性格就好比冰与火那样区别明显。然而，越是这样的组合就越具有杀伤力。

范德比尔特既然掌握了中央铁路，自然会把精力放在高效率的管理和运营中。宾夕法尼亚铁路公司的老板斯科特也是把利益放在第一位上，而最不按行业套路出牌的就是伊利铁路公司，在古尔德和菲斯克的协助下，德鲁想做什么就做什么，这使得三家铁路公司关于行业发展达成的所有协议都变成了废纸。

范德比尔特再次被激怒，他决定回到华尔街上，动用自己的巨额资产购进伊利铁路公司股票，既然德鲁仍然不肯收敛，那就再把他打倒一次，最好是能让他滚出纽约的地界。不过，这一次，范德比尔特真的轻敌了，德鲁、古尔德、菲斯克三个人的联合给范德比尔特打开了潘多拉的盒子，也让范德比尔特遭受了前所未有的失败。

实际上，这一回的伊利铁路股票大战与两次哈林铁路股票囤积战没有什么本质上的不同，唯一的区别是，政府官员的所作所为决定了这次伊利股票大战的胜败走向。或许现在的人们无法判断，那时期的官商勾结有多么肆无忌惮，股票证券相关法律法规的缺失更是起到了推波助澜的作用。

这种现象在全美国最发达的城市纽约更是司空见惯，一向浑水摸鱼的投机商们总是拉拢中意的法官结成帮派，而被笼络的法官在投机商们进行大规模行动的时候，就利用手中的权力对股价升降进行全面调控。

范德比尔特当然也是这样做的，他在购进大量伊利铁路股票的同时，私下里通知与他结盟的法官下达两项法令，一是不允许伊利铁路公司将公司债券转为公司股票，二是丹尼尔·德鲁本人持有的伊利铁路公司股票不得卖出、不得移交、不得转账，也不允许放弃和处理。范德比尔特以为，有了这两项法令，再加上自己的雄厚实力和锋利手段，德鲁这一回是插翅也难逃了。

可就在他成竹在胸的时候，德鲁在古尔德和菲斯克的全力支持下，指使效忠于他们的法官签署了完全不一样的法令，而且是在范德比尔特毫不知情的情况下。德鲁等3人把大量债券转为股票，另外，他们还增加发行了数万股股票。随后，这些掺水股票彻底击碎了范德比尔特的平静，他因此而损失了700万美金，这几乎是两次哈林股票囤积战范德比尔特所得现金利润的总和。

虽然这一回范德比尔特输得相当惨重，但他在华尔街金融人士面前的形象却没有受到什么影响，因为他主导的两次哈林股票囤积战已经成为股票逼空的典范之作，就像法兰西帝国的盖世英雄拿破仑，虽然在滑铁卢战役中输给了威灵顿并因此而终老荒岛，但丝毫不会使他"欧洲雄狮"的金冠变得暗淡。

伊利铁路股票大战过后，范德比尔特把铁路集团公司的管理大权交给了威廉，自己则去萨拉托加放松心情。他和德鲁这对老冤家在私交上关系还是不错的，曾经有人纳闷，这两个人怎么可能坐到一张桌子前？原因很简单，他们把商战和个人友谊分得很清楚。在商战上狭路相逢，就是要动用一切手段打败对方，赢得最大的利润，如果相互之间手软心软，那么范德比尔特就不再是范德比尔特，德鲁也就不是本来的德鲁了。

在范德比尔特的晚年生活里，他在兴致高涨的时候会去曼哈顿俱乐部玩扑克牌，已经年过七旬的德鲁就是他的牌友，而另一个牌友就是曾与范德比尔特血战尼加拉瓜航线的加里森。当盛年不再，白了头发的老对手们围坐在一起休闲娱乐时，总是要情不自禁地追忆一下从前畅快淋漓的争斗。

第八章 范德比尔特的晚年生活

1. 纪念碑

南北战争以北方的胜利而告终，林肯总统也获得了连任，但还没等到他把战后政策付诸实施，悲剧就发生了。1865年4月14日晚，林肯总统在华盛顿的福特剧院看戏时遇刺，凶手布斯是一个坚定支持南方的暴徒。第二天，林肯总统不治身亡，享年56岁。他的遗体先后在14个城市供民众凭吊，共有150万人瞻仰了他的遗容。5月4日，林肯的遗体被安葬于橡树岭公墓。

林肯废除了奴隶制度，领导美国人民维护了国家统一，为资本主义的发展扫除了阻碍，为推动美国社会向前奉献了毕生精力。在美国人的心目中，他是与国父华盛顿一样伟大的总统。随后，副总统安德鲁·约翰逊继任为美国第十七任总统。安德鲁在南方重建问题上采取保守妥协立场，招致了国会中的共和党议员的强烈不满，成为美国历史上首位被提出弹劾议案的总统。

虽然最终在参议院的投票中，安德鲁以一票之差逃过了被罢免的下场，不过，经历这次政治风波后，安德鲁的名望已经扫地。范德比尔特本人最初还是拥护安德鲁的，后来因为不满意安德鲁的政策，也不再支持他。1868年准备总统大选候选人时，安德鲁·约翰逊没有获得提名。

差不多在同一时候，纽约地区的一些金融大佬推举尤利西斯·辛普森·格兰特为共和党总统候选人。这些大佬中比较熟悉的有丹尼尔·德鲁、太平洋邮政蒸汽船公司的老板阿斯宾沃，范德比尔特也参与其中。不过，他多少有些随波逐流的意思，因为绰号"猛虎"的格兰特是个英雄，而且是帮助联邦政府打赢内战的英雄。范德比尔特对这样的人物一向有着很强的认同感。

1822年4月，格兰特出生于俄亥俄州的伯恩特普利山特，父亲是制革业的商人。1843年，格兰特毕业于美国陆军军官学校（西点军校），在参加美国与墨西哥的战争时，格兰特是一名尉级军官。1854年，格兰特退役，依靠一小块农场务农为生，生活十分清苦。没过几年，内战的烽火点燃，格兰特重新回到军营，协助政府在伊利诺伊州招募和编练军队，随后率部在西部战场与南方军厮杀。

1862年春天，格兰特率部攻占亨利堡和多尔纳森堡两个南军据点，展露出了过人的军事指挥能力，随后晋升少将军衔。1863年，格兰特率军在维克斯堡战役中重创了南方军，以伤亡9000人的代价毙伤俘南方军近50000人。至此，联邦军彻底控制了密西西比河流域，进而开始威胁南部邦联的大后方。格兰特的威名传遍全国，林肯总统代表人民向他表示由衷的谢意，联邦国会向格兰特颁发了金质勋章。

1864年3月，联邦军队指挥机构进行改组，林肯总统任命格兰特为联邦军总司令，并授予其中将军衔，当时美国的军衔制还没有上将一职，中将为最高阶军官。此后，格兰特亲自统领10多万大军在东部战场寻找南军的主力进行决战，他的对手就是南方军的灵魂性人物罗伯特·李，此时罗伯特将军的北弗吉尼亚兵团有60000人马，兵力上比格兰特少了1倍。格兰特更是豪迈地宣称道，他要打垮罗伯特这个南方军军魂。

不过，当两人真正交起手来，格兰特意识到他遇到了从没有遇到过的强悍对手。在1864年初的科尔德港战役中，南方军发挥内线防御的相对优势，使格兰特的部队伤亡惨重，但格兰特并没有失落消极，他说："我将会一直坚持下去，哪怕打上一个夏季也在所不惜。"因为格兰特非常清楚，南方军的补给现在变得困难，比拼消耗战的话，罗伯特是绝对撑不下去的。

1865年春天，在格兰特强大的压迫下，罗伯特将军放弃了南方邦联首都里士满，率军南撤，打算与友邻部队会合再图进取。仅仅几天之后，格兰特大军在阿波马托克斯将北弗吉尼亚兵团全面包围，最后的决战开始了，此时的南方军已经弹尽粮绝，突围毫无希望，罗伯特将军决定投降。

胜败双方在相互尊重的氛围里签订了协议，格兰特下令提供三万份军粮以供罗伯特解散军队的用度，罗伯特立即解释不需要那么多，因为北弗吉尼亚兵团只剩下9000名疲惫不堪的士兵，这项协议也标志着南北内战正式结束。

虽然格兰特此前在言语上总是对罗伯特满是鄙薄，但是在这次会面中却表示出了极大的尊敬和善意。他不仅答应南方军士兵在发誓永不拿起武器反对联邦政府之后就可以回家，而且还同意了罗伯特的请求，南方军的战马不必上缴，因为正值农忙时节，南方急需马匹耕种闲置多年的田地。格兰特将军的气度，得到了南北方民众的一致称赞。

1869年3月，46岁的格兰特出任美国第十八任总统。战场上的攻城略地并不能代表他擅长理政，虽然在任期满后又获得了连任，但格兰特可圈可点的政绩甚少，其从政的道路已经进入死胡同。尤其是在第二任总统任期内，亲率大军攻破南方军的格兰特竟然也对残余的南方种植园园主妥协起来，而且对贪污腐化的政府官员也是姑息纵容，这使得选民们十分不满。

1877年，格兰特卸职后开始周游世界。两年后，他来到中国，与当时清朝的直隶总督兼北洋大臣李鸿章会面，两人还留下一张合影。1885年7月，格兰特因癌症在纽约逝世，遗体葬于哈德逊河河畔。1896年，李鸿章访问美国时，曾专门到格兰特的坟前凭吊，还在坟旁种了一棵树，并立碑纪念，直到如今，树碑犹在。

1867年圣诞节，纽约金融界大佬为即将参选总统的格兰特举办晚宴，在座的都是知名的富豪，本来范德比尔特不喜欢与这些以绅士自居的人过多地打交道，这一回，他似乎是破例出现在了晚宴现场，但相互之间也并不显得多亲密。

这些大佬都把别墅建在更为繁华时尚的街区，范德比尔特不喜欢跟风，还是住在格林威治村别墅里。以前他因为妻子索菲亚不喜欢住在这里曾把她送进精神病院，后来范德比尔特觉得索菲亚在这里妨碍他寻欢作乐。索菲亚病逝前的那几年，他都是住在史坦顿岛宅邸，冷酷无情的范德比尔特甚至从来不去看她。

在纽约中央及哈德逊河铁路公司成立不久，范德比尔特又收购了西部铁路，不过此时的范德比尔特一直关注着纪念碑建造的进度，收购西部铁路的任务由儿子威廉和一些公司元老去完成。1867年，范德比尔特买下了曼哈顿区哈德逊大街附近的一块地皮，第二年秋天，这里铺设了铁轨，成为哈德逊河铁路的一个分线，随后一座横跨铁路的货物仓库开始建造。

一个名叫埃波特的人建议在仓库楼顶竖立一座范德比尔特的铜像，埃波特曾在范德比尔特搞船运时效力多年。范德比尔特听到这个建议后没有表态，他实际上是默许了。至于报纸舆论方面，他们对此的意见是建不建铜像纪念碑都无所谓，有个别报纸编辑这样说道，范德比尔特的船队和铁路线本身就是一座纪念碑，这比任何实物的纪念碑都有意义。

虽然存在这种委婉的批评，铜像纪念碑的设计建造工作还是按部就班地展开了。埃波特的计划是铸造一个300平方米的三角铜墙，铜墙中部以浮雕形式雕刻出范德比尔特的塑像，整个铜墙预计重达45吨左右。埃波特擅长驾驶蒸汽船，却对设计图纸一窍不通，只好邀请一个叫普拉斯曼的雕刻家来完成全套设计流程。

铸造工作还没有开始，范德比尔特就收到了妻子索菲亚病逝的消息。在此之前，索菲亚早已是一身病痛，多年的操劳和心情抑郁使得她的身体非常虚弱，后来又有了中风的症状，家庭医生林斯利尽了全力，也没能延缓索菲亚生命逝去的脚步。在索菲亚的葬礼上，范德比尔特还是平常的那副表情，对于结发妻子的永逝，他显得如此无动于衷，似乎他参加的是一个不相干的人的葬礼。

索菲亚的遗体被安葬在史坦顿岛上的范德比尔特家族墓地，这里埋葬着康内留斯、菲碧，还有索菲亚的小儿子乔治，大半生都在凄苦中度过的索菲亚终于可以好好地休息了。范德比尔特像处理完一件公事一样，回去之后该干什么还干什么。

由于潜伏于身体里的梅毒的侵害，范德比尔特的健康也大不如前了，偶尔还会出现老年痴呆的状况。不过大多数时候，范德比尔特还是头脑清醒的，他的作风嗜好也丝毫没有改变，或许只要还能活动，他就会做他想做的事情。索菲亚病逝一个月后，铜像纪念碑的铸造工作开始了，这项工程的工作量十分艰巨，由埃波特亲自督导工人们完成。范德比尔特心血来潮时，也会去铸造厂看着工人们忙来忙去。

铜像纪念碑铸造完毕后，见到实物的人都觉得范德比尔特的塑像一点也没有展现本人的风格，被刻画得仿佛是一个寡言少语的农夫。而在铜像周围，浮雕刻出的各种图案装饰令人眼花缭乱，诸如海神波塞冬像、自由女神像、帆驳船、蒸汽船、火车车厢、一只浣熊、一只狗、起锚机、新泽西州断崖地貌、各种水果、铰链、蒸汽锅炉等等。

范德比尔特的形象就被这些图案包围在中央。设计本意是为了展现范德比尔特的事业成就和日常生活，可是没有处理得当，过于繁琐，让看完的人觉得整幅图像如同一个农夫在农闲之余发癔症，在那里天南海北地胡思乱想。

1869年初冬的一天，成千上万的市民拥向哈德逊大街，为了观看铜像纪念碑的揭幕仪式。纽约市长也参加了仪式，他只做了一个简短的发言，文字也运用得十分精妙，分不清到底是在赞颂还是在贬抑，总之怎么理解都说得通。

在市长发言之后，又有几个人发言表示祝福，然后仪式结束，人群四散离去，仿佛观看的是一幕一点也不好笑的喜剧，但出于礼貌勉勉强强看完了。范德比尔特经常把自己与国父华盛顿相提并论，但不知他有没有意识到，真正的丰碑存在于人们的心中，而不是对着自己的塑像自我陶醉。

2. 范德比尔特大学

在接下来的岁月里，范德比尔特难得地做了两件善事，不过大部分要归功于他的第二任妻子弗兰克·克劳馥德。范德比尔特并没有参加纪念碑的揭幕仪式，因为当时他正与新婚妻子弗兰克度蜜月,不过这也避免了参加揭幕仪式可能带来的不愉快。

这桩婚姻是儿子威廉乐于看见的,因为头脑越来越糊涂的范德比尔特仍不忘记与年轻女子鬼混,甚至还带到别墅里来住,威廉担心父亲在头脑糊涂的时候与某个轻浮狡猾的女子成婚,这将会严重威胁到他的继承权。为此,威廉在父亲的别墅里安插了眼线,并叮嘱这些人,如果发现有举行婚礼的苗头,要马上向他报告。同时,威廉还在张罗为父亲寻找一个对自己没有威胁的伴侣,就这样,一个名叫弗兰克的女子进入了大家的视野。

弗兰克的家庭背景是南方奴隶主,南北内战时,这个家族的成员都是坚定的南方邦联支持者。内战结束后,其家族财产被联邦政府全部没收,为了维持生计,弗兰克的母亲带着女儿来到了纽约。此后,弗兰克依靠给纽约大户人家的子女教钢琴赚一些薪水,以此维持两个人的用度。碰巧的是,范德比尔特的外孙子和外孙女也是弗兰克的学生,有了这层关系,范德比尔特与弗兰克初步认识了。

在原配索菲亚病逝后,范德比尔特的子女尤其是威廉热心地撮合父亲与弗兰克两个人,终于促成了范德比尔特的第二段婚姻。几年后,威廉与继母弗兰克签订了一份协议,弗兰克放弃作为范德比尔特妻子拥有的继承权,作为补偿,威廉同意送给她一些债券。有了这个双方协议拿在手里,威廉终于可以高枕无忧了。

时间很快到了19世纪70年代,在弗兰克的要求下,已经头脑迟钝的范德比尔特做了两件难得的善事。早在50年代的时候,弗兰克居住在阿拉巴马州的海港城市莫比尔,一位名叫丹姆斯的北卡罗来纳州牧师曾经去莫比尔传道。弗兰克是一个虔诚的基督教徒,他们成了好朋友,丹姆斯在弗兰克生活窘迫的时候曾给予她很多帮助。

内战结束后,许多南方人背井离乡来到纽约,其中就有丹姆斯,他于1865年来到纽约曼哈顿区。随后,丹姆斯在曼哈顿创建了不分教派差别的集会式教会,并租借纽约大学的房屋做礼拜堂使用。纽约大学距离范德比尔特的宅邸非常近,弗兰克对每一次集会都会热心参与。

大部分漂流在这里的南方人,出于宗教信仰和乡土情结也聚集在这里,成为丹姆斯带领下的虔诚信徒。丹姆斯一直就想拥有一座自己可以支配使用的教堂,这样信徒集会时就有了永久的固定之地。弗兰克为了帮助丹姆斯实现心愿,也为了报答当年的恩惠,就劝说丈夫范德比尔特做一件善事,捐献一处房产给丹姆斯用来传道。

1870年9月末,范德比尔特同意了弗兰克的请求,拿出五万美金购买了位于莫赛大街上的一处荒废的教堂,并把它送给丹姆斯。不过这个赠送不是完全的赠送,丹姆斯只是对这座房产有终生使用权,而不拥有房屋产权,这个细节的说明写在捐赠协议里,协议还写明,丹姆斯百年之后,范德比尔特或者其继承人(威廉)将收回这座房产。显然这次捐赠是一次有附加条件的捐赠,但范德比尔特总算间接地对上帝表达了一回善意。

至于第二件善事,就是捐资创建了"范德比尔特大学"。1873年春天,卫理公会(英国约翰·卫斯理创立的基督新教卫理宗)的主教麦克迪耶因病来纽约的医院做手术。他和弗兰克有亲戚关系,手术过后,麦克迪耶在范德比尔特的别墅里休养了一个月。

这期间,麦克迪耶与弗兰克谈起了尚在设计规划中的中央大学。这是一所由卫理公会创办的大学,位于田纳西州的那什维尔市,因为缺乏资金,该学校还在筹建阶段。弗兰克再次做起了范德比尔特的工作,要他出钱帮助麦克迪耶创建学校,范德比尔特出乎意外地答应了，并交给了麦克迪耶一张五十万美元的现金支票。

没过多久，中央大学理事会就通过了决议，以范德比尔特的名字命名该大学。到了1875年，校舍已初具规模，并在当年秋天开始招生。为了宣传范德比尔特对建校作出的卓越贡献，学校在新生入学不久举办了一次捐赠仪式。范德比尔特因为身体状况不佳没能来出席，他委托丹姆斯作为自己的代表来到那什维尔，做了一番客套的发言。从1875年至1877年范德比尔特逝世这两年，范德比尔特又捐赠了几笔款项，以保证学校硬件设施的完善。

现在，这所范德比尔特大学又被称为"范德堡大学"，是一所私立研究型大学，以其优秀的教育质量和雄厚的科研能力，成为美国南方的顶级名校之一，享有"南方哈佛"的美誉。不过，根据不久前的相关调查，在这里就读的大学生大多不知道是范德比尔特家族的哪一位成员捐建了这所大学，只有极个别的学生明白整个建校历史的来龙去脉。

晚年的范德比尔特几乎不再过问公司的事务，整个家族商业的运作都是由威廉在操控，威廉扩充家族资产的能力甚至超过了父亲范德比尔特，堪称青出于蓝而胜于蓝。1869年秋天，威廉将中央铁路线扩展到伊利诺伊州的芝加哥和密苏里州的圣路易斯，随后，威廉又通过购买控制性股票，将湖滨铁路也收纳入范德比尔特家族产业的名录下。1871年，威廉投巨资建设中央火车站，仅候车室的面积就有两公顷，采用玻璃穹顶，风格非常华美。

1913年，威廉的儿子在此基础上又进行了扩建装修，于是成为物质文化的建筑杰作，被誉为"通向美国的门户"。如今，中央车站依然伫立在纽约市的第42大街和公园大道交会处，每当夜幕降临的时候，在泛光灯灯光的笼罩下，中央车站会给人一种梦幻城堡的感觉，尤其是车站入口上方大师手笔的艺术雕塑，深深地吸引着在大街上漫步的行人和慕名而来的旅者。

3. 最后的时光

到了1875年末，范德比尔特的行动变得非常迟缓了，在别人的照料下，他还可以散散步。不过到了第二年的愚人节前后，他的身体状况一落千丈，从这时起直到他去世，范德比尔特不仅从没出过家门，连楼梯也没下过。这个风烛残年的老人白天由佣人放在轮椅上，晚上又卧在床上，年轻时纵欲无度染上的梅毒此时已经发展到了晚期，毒素摧残着范德比尔特身体里仅剩的那点活力，所有的人都看得出，他已经时日无多了。

家庭医生林斯利也已年过七旬，他清楚地知道任何治疗对于范德比尔特来说都是回天无力，但出于两个人几十年来结下的深厚友谊，林斯利还是尽一切所能让范德比尔特减轻疼痛感。4月中旬，林斯利在过马路时被马车撞伤，还好没有大碍，只是卧床休养了一个月。在这期间，由林斯利的几位助手照料范德比尔特。5月中旬，林斯利康复了，他又继续为范德比尔特尽心尽力地治疗。

据后来林斯利回忆，他每天用在范德比尔特身上的时间达到11个小时，也就是说除了睡觉之外，林斯利几乎不离范德比尔特的左右。林斯利也是范德比尔特最信赖的医师，范德比尔特追忆着43年前自己在新泽西州遭遇火车事故，摔成重伤，那时就是林斯利为他做康复治疗，那也是两个人刚刚结识。范德比尔特也明白自己时日无多，他希望在离世之前，林斯利能够一直陪在旁边照顾他。

范德比尔特天生脾气暴躁，到了去世前的这段光景，疾病的疼痛使得他的暴戾到了无以复加的地步。有一天，妻子弗兰克端了一碗热汤给他喝，范德比尔特只喝了一口就打翻了汤碗，大声吼道："是哪个该死的放了这么多盐？"弗兰克面无表情地说不知道，她之所以这样镇定，是因为她知道自己嫁的这个老头快不行了，只需忍耐一段时日，然后拿上可以分到手的那些债券过自己的生活。

对于儿女们的探望，范德比尔特也是同样的态度，当一个助理医生问他喜不喜欢儿女们来，范德比尔特大声叫道："除了威廉，他们都是该死的混蛋！"另外，据林斯利回忆，范德比尔特的女儿们曾经多次要求进病房看父亲而被拒绝，不管她们带的是鲜花还是别的什么礼品，范德比尔特一眼也不想看见她们。弗兰克也帮助说情，最终还是无济于事。

夏季的一天，女儿玛丽在没有得到许可的情况下，强行闯入范德比尔特的书房，要求父亲把遗嘱公布出来，范德比尔特对此十分震怒，他告诉玛丽，她什么也别想知道。这件事情更加坚定了范德比尔特的想法，只有擅长经营的威廉才有资格继承他庞大的家业，而至于其他人，不过是一群瞄上了猎物的野狗，只等时机一到，就会嗷嗷叫着扑上去争夺猎物。

范德比尔特的遗嘱早就拟好了，只是其具体内容严格保密，直到范德比尔特逝世后，家族成员议论纷纷的猜测终于得到了否定或得到了证实。弗兰克因为已与威廉签订了私下协议，她得到了五十万美金的公司债券，还有两千股公司股票，同时，弗兰克有终身居住在别墅里的权利。几个女儿获得的也是公司债券，价值在几十万之间不等。

另外，作为对好友的一种表示，丹姆斯得到了两万美金的馈赠，家庭医生林斯利得到了一万美金的馈赠。除此之外，还有一些别的小额恩惠，这些统统加起来，也没有超过四百万美元。剩下的总计价值为一亿美金的资产，全部由威廉继承，这意味着庞大家族产业的统治权由威廉全权接管。

大家可以想象得出，在范德比尔特以暴戾的态度对待家人时，只有威廉可以走进父亲的房间，并得到父亲难得一见的和善对待。威廉也几乎天天登门，向范德比尔特请示公司事务的处理意见，得到指令后就装作立即照办的样子，匆匆忙忙走了。其实在这段时间里，范德比尔特的意见，威廉一次也没有执行过，他总是按照自己的想法管理公司。

威廉之所以装作询问父亲的意见，不外乎是想满足这个暮年老人的统治欲望，这样会使范德比尔特觉得，威廉是一个听话而又心地纯正的儿子。以范德比尔特的手段和魄力，如果他想修改遗嘱里关于家族资产的分配，应该不是什么难事。威廉或许也是担心父亲临时改主意，想出了这么一个不露痕迹的讨好办法，足见其心智过人。

1876年的一个夏天，范德比尔特和威廉父子两个人谈起了家族产业的问题，老船长抬起哆哆嗦嗦的胳膊，指着威廉说："我死之后，你要挑起家族产业的管理重担，我还在纸上写了一些谋略，它们和遗嘱放在一起，你以后看到了要忠实地履行。"当时，家庭医生林斯利也在旁边，他回忆说威廉听了父亲的叮嘱后只是顺从地点点头，而范德比尔特所指的那些谋略，威廉早就学会了，而且运用自如。

紧接着，秋叶落满大地，这是范德比尔特此生最后一个秋天了。梅毒侵害着他身体的多个脏器，他本人实际上已经处于半痴呆状态，当然也有相对清醒的时候。一个名叫渥科的朋友时常来看望他。

有一次，两个人谈到了上帝与魔鬼的问题，范德比尔特不容反驳地说道，18世纪美国人中最伟大的人物是国父华盛顿，19世纪美国人中最伟大的人物就是自己，自己辞世之后将会和华盛顿一起成为上帝信徒中的伟大领军人物，然后并肩战斗，把魔鬼踩在脚下。这番话让渥科惊讶不已，即使范德比尔特的身体状况已经糟糕到如此地步，他的内心却依然是那样强大。

但是，也有人对此表示质疑和嘲笑，认为是范德比尔特头脑糊涂之中的夸大式幻想。之后，白雪皑皑的冬季来临了，圣诞节一如既往地热闹，在房间里就可以听到外面的喧闹声，范德比尔特却很安静，无论在卧室还是在书房，他都似乎在思索很久远的事情。到了元旦，范德比尔特的腹膜炎再次发作，医生们不断往来于屋里屋外，华尔街上也在盛传，这位叱咤风云的老船长怕是真的不行了。

报社为了第一时间掌握范德比尔特的死讯，特意在别墅的对面临时租下一座楼房，派记者在那里24小时守候，还时不时地用望远镜进行观察。1月4日，暴风雪使整个纽约市区一片阴霾，街道上出行的人也极少。从这天早上起，范德比尔特开始昏迷，他再也没有能力向任何人大喊大叫了，家庭里的大小成员围在他的床边，或许有的人还在想，这个老头会不会突然睁开眼睛，大声骂道："是谁允许你们站在这儿的，给我滚出去！"

然而几个小时过后，范德比尔特没有了呼吸，船运大王、铁路大亨从此走完了他的传奇人生。这个消息迅速传开，学校、政府部门、车站、俱乐部降半旗表示哀悼，公司里的元老级人物开了一个碰头会，商量治丧委员会的人员组成以及讣告的相关事宜。同时，妻子弗兰克为丈夫置备了一个非常精美的棺材，内铺锦缎，外裹纯黑色的天鹅绒，金属部分都是白银质地。

1月6日，在别墅里举行遗体告别和祈祷仪式。第二天，丹姆斯在那座范德比尔特捐赠的教堂里为其举行了葬礼仪式。随后，范德比尔特的棺木由家庭成员和牧师护送，乘蒸汽船回到了范德比尔特的出生地史坦顿岛，然后安葬在范德比尔特的家族墓地。

纽约的一个老派贵族斯特朗对范德比尔特曾作出过十分精准的剖析：范德比尔特就像一只没有经过文化教养的野兽，他或许并不懂得什么，却拥有着凶狠敏捷的特性，并以此在弱肉强食的资本市场中成功而孤傲地生存着。他也对猎物有着天生的敏锐直觉，如果他注意到了某个公司或者某个好项目，只要对方露出一点破绽，他就会以闪电般的速度冲过去，咬住这个破绽，将其撕裂，最后完全吞噬。

当然，运气也总是经常闪现出来帮助他完成扩张，再配上常人做不到的意志力和勤劳，范德比尔特终于进化成一架高效率运转的赚钱机器，而且从不停止，也不知道什么是疲惫。范德比尔特死后留下了1.05亿美元的巨额财产，占当时美国GDP（国内生产总值）的1/87。

如果按照这个比例折算，范德比尔特的财产在2007年相当于1430亿美元，而微软公司的总裁比尔·盖茨资产总值是800亿美元，占美国GDP的1/152。由此可以推出，在富豪排行榜上，比尔·盖茨只能排在范德比尔特的后面。范德比尔特生前曾对一位记者说："我一辈子都在拼命地赚钱。"他确实做到了。

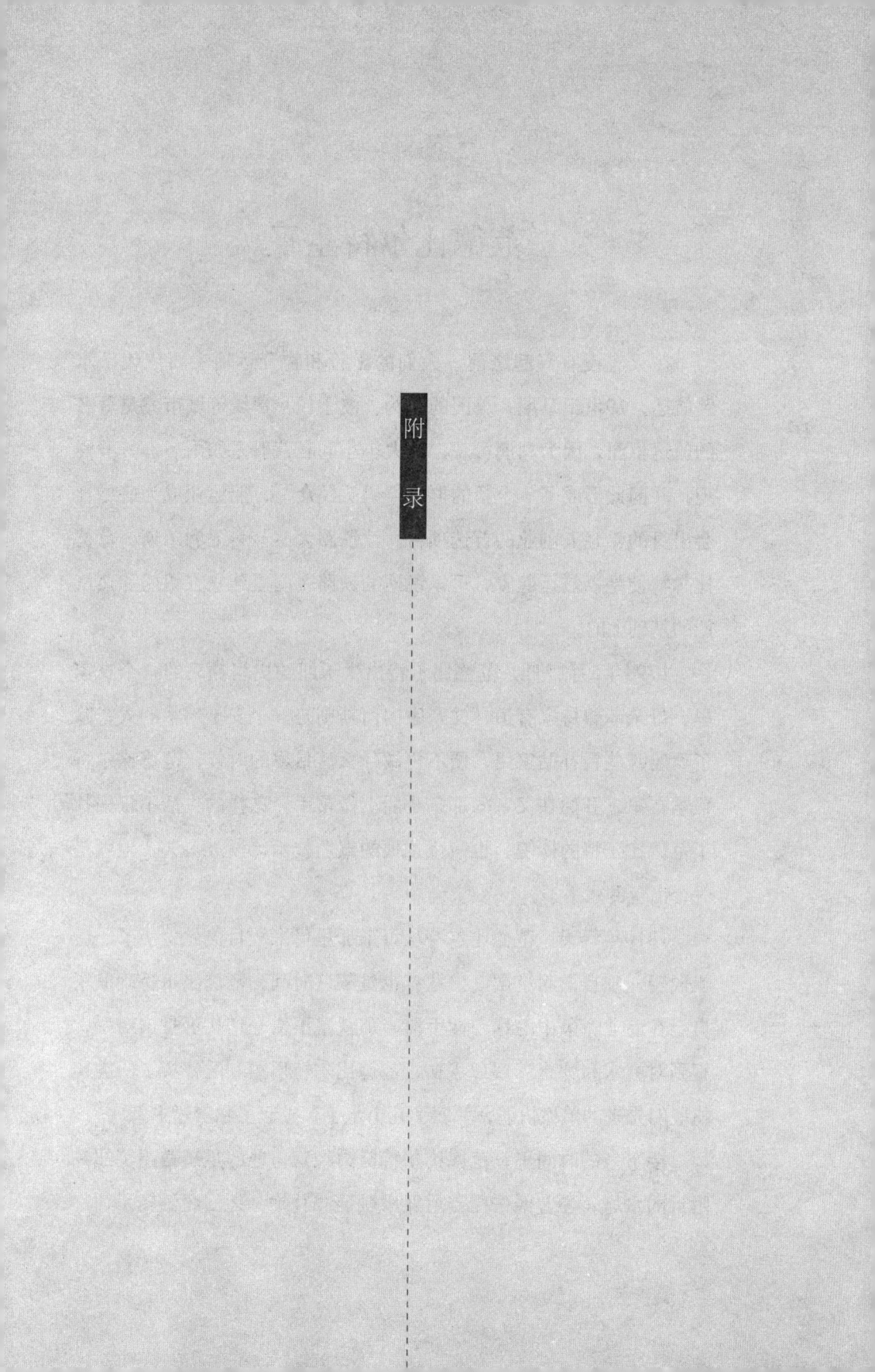

附录

范德比尔特生平

在火车没有兴起之前，人们的出行和物资运输主要依赖于水路航运，19世纪早期，美国的纽约、波士顿、费城等城市就是著名的航运枢纽。因为利润可观，大大小小的私营船主如雨后春笋般涌现，并因此形成了一个新的群体"码头民众"，船运业成为底层社会出身的年轻人创业的首选项目。"铁路大亨"科尼利尔斯·范德比尔特便是以航运起家，可以说他的铁路帝国是建立在帆船和蒸汽船的基础上的。

1794年5月27日，范德比尔特出生于纽约史坦顿岛的一个农家里。母亲菲碧持家有道，父亲康内留斯则是一个安于现状的人，除了驾船赚些钱补贴家用，便不再做什么。11岁的时候，范德比尔特辍学在家，开始在父亲的那条小船上做帮手。这样的生活不仅强壮了范德比尔特的体魄，也锻炼了他的驾船技术，没过多久，他就是一个出色的水手了。

1810年春天，范德比尔特从母亲那里借来一百美元，买了一艘帆驳船，独自做起了摆渡生意。也是从这时起，范德比尔特确立了自己在商业竞争中的标志性手段，那就是不惜一切代价打击对手，直到对方求和为止。1813年初，范德比尔特用盈利的钱买了一艘比帆驳船先进的单桅帆船，并雇了几个水手，做起了私营船主。

接下来的时间里，范德比尔特努力经营，他的足迹踏遍了纽约附近的水域，还曾经去弗吉尼亚水域装载牡蛎，运回纽约转手，一次航程就净赚了1500美金。到了1817年,范德比尔特的船队已经具有相当的规模,从普罗威登斯到萨凡纳的整条海岸线,码头上的人都知晓范德比尔特的大名。

如果他就此发展,或许成就的就是另一种传奇,但是,一个偶然的事情促使他开始关注蒸汽船。范德比尔特是否会接受新鲜事物,要看能不能发现商机。当蒸汽船渐渐地多起来之后,范德比尔特也在思考着未来的走向,就在犹豫不定之中,一个名叫托马斯·吉本斯的人使范德比尔特下决心涉足蒸汽船领域。

1818年2月,吉本斯邀请范德比尔特担任"耗子号"蒸汽船的船长,范德比尔特痛快地答应了,随即把自己的帆船全部出售。当时,纽约地区的蒸汽船航运被利文斯顿—富尔顿集团垄断,后来奥格登也加入这个集团。别家的蒸汽船如果想在纽约水域航运,要得到垄断集团的授权并缴纳授权费。范德比尔特以吉本斯为后盾,与垄断集团斗智斗勇。

1819年夏天,奥格登想拉拢范德比尔特,被范德比尔特拒绝了。此时,吉本斯正准备通过法律途径打破垄断集团。1820年1月,范德比尔特作为吉本斯的特使,前往华盛顿与律师韦伯斯特会面,商谈诉案的具体事宜。1825年3月,美国最高法院裁决,吉本斯胜诉,垄断集团土崩瓦解,蒸汽船航运自由竞争的时代来临。

1826年5月,吉本斯逝世,公司由他的儿子威廉·吉本斯接管,范德比尔特继续效力,因为他希望可以用优惠的价格购买公司一部分股权。1828年初,威廉·吉本斯将公司股权公开出售,为此范德比尔特心灰意冷,提出辞呈,离开已经工作了十年的岗位,他对人说威廉·吉本斯给他上了一课,那就是要做主人,不要做奴才。

1829年夏天,范德比尔特组建"速遣运输公司",一举变成了蒸汽船运营商。随即，与史迪文爆发价格战。1830年，史迪文屈服，双方达成协议，范德比尔特退出纽约至费城航线，史迪文每年向他提供经济补偿。接下来是一连串的胜绩，1832年春天，在皮科希尔航线竞争中，范德比尔特击败了德鲁。

1832年5月开始，在奥尔巴尼至曼哈顿航线上，范德比尔特与哈德逊河蒸汽船协会激烈对抗。1834年年末，哈德逊河蒸汽船协会妥协，一次性付给范德比尔特十万美金，并且每年还有五千美元的补偿费，范德比尔特则退出该水域。1835年，在纽约至普罗威登斯航线上，范德比尔特与格林内尔展开激烈争夺，此后又与对方联手抬高票价。

1838年，范德比尔特在史坦顿岛轮渡公司拥有一半股权，业务重心也随之做出调整。1840年，范德比尔特涉足诺维奇至纽约航线。1844年，范德比尔特进入长岛铁路公司董事会。1847年初，范德比尔特与乔治竞争纽约至史东林顿航线，此后的两年时间里，范德比尔特的主要精力都放在史坦顿岛轮渡公司。

1849年，因为淘金热的兴起，美国东部至西部的客流骤增，面对这样巨大的商机，范德比尔特筹划开通尼加拉瓜航线。克服了谈判纠纷和资金等各方面问题，尼加拉瓜航线于1851年7月正式运营。1852年夏天，因为自己的职权受到董事会成员的挑战，范德比尔特辞去总裁职务，公司重金挽留之下，范德比尔特于1853年2月重新回到董事会。

虽然他本人不再担任总裁一职，但仍然是尼加拉瓜航线的具体管理者。同年5月20日，范德比尔特开始环游欧洲，他也由此成为首个完成欧洲环游的美国人。9月23日，范德比尔特回到纽约，但他发现，摩根和加里森趁他不在的四个月里，掌控了公司的大权，自己被排挤在外。

此后的数年时间里，范德比尔特与摩根和加里森展开了走马灯般的厮杀，期间还涉及了政治军事等手段。1857年末，摩根和加里森彻底屈服，并达成协议。经过这一番周折，范德比尔特对尼加拉瓜航运兴趣骤减，便转而投身于大西洋国际航运，主营美国至英国的信件物资运输和客运，很快，范德比尔特就成为大西洋国际航运的三大运营商之一。

1860年，范德比尔特的总资产达到两千万美金，实现了他为自己制定的目标。1863年，范德比尔特将全部精力转向铁路，第一次哈林股票大战爆发，范德比尔特大胜，并掌控了哈林铁路。这次金融战争被公认为金融操控史上的经典之作，报纸上这样评论道：如此成功的股票坐庄在华尔街的市场上还是第一次看到。

1864年春天，不甘心失败的丹尼尔·德鲁纠结市议员，掀起了第二次哈林股票大战，范德比尔特再次大获全胜。随后，范德比尔特让儿子威廉·亨利担任哈林铁路公司总裁。1865年，范德比尔特接管哈德逊河铁路，之后，哈林铁路公司与哈德逊河铁路公司合并，具体管理由威廉·亨利执行。

1867年11月，范德比尔特接管纽约中央铁路公司，至此，范德比尔特终于实现了三条铁路联运的构想。联运带来的客流在第一年里就实现了翻倍，利润大幅增长。1868年，范德比尔特试图再次以股票大战的手段控制伊利铁路，结果损失惨重。不过，范德比尔特仍然没有放弃铁路王国的扩张，最终，芝加哥附近地区的铁路相继划到了范德比尔特的名下。

1871年，范德比尔特投巨资建设中央火车站，仅候车室的面积就有两公顷，采用玻璃穹顶，风格十分华美，此后又经过后人的翻修，成为纽约的代表性建筑物。1873年5月，范德比尔特出资助建"卫理公会中央大学"，学校理事会随即通过决议，以范德比尔特的名字命名该大学。

1877年1月4日，范德比尔特去世。他遗产的百分之九十五都留给了威廉·亨利，范德比尔特的想法是保持巨额财产的完整性，把它作为一座丰碑存留于世，可惜家族的后代子孙将财产挥霍殆尽。范德比尔特值得人们铭记的并不是巨额财富，而是他的绵延一千多公里的铁路线，正是这些铁路网构成了美国经济发展的基础，堪称现代文明社会的伟大功绩。

范德比尔特年表

1794年5月27日，科尼利尔斯·范德比尔特出生于纽约史坦顿岛。

1800年，六岁的范德比尔特参加海滩的骑马比赛，险些马失前蹄。

1805年，因为哥哥夭折，11岁的范德比尔特变成家里的长子，为了生活，他辍学在家，给父亲当起了帮手。

1810年春天，范德比尔特从母亲那里借来100美元，买了一艘帆驳船，做起了摆渡货运业务。同年秋天，范德比尔特驾船为纽约市政府效力。

1813年初，范德比尔特买了一艘单桅帆船，并在当年夏天试水，还雇佣几个水手帮忙。12月，范德比尔特与索菲亚成婚。

1814年春天，范德比尔特建造了三艘船，一艘是单桅帆船，命名为"渥克特总督号"，两艘是纵帆船，命名为"无敌号"和"埃姆斯将军号"。范德比尔特指挥"无敌号"，另外两艘则由可靠的水手驾驶。

1815年元旦，范德比尔特与姐夫德弗瑞斯特合资买了一艘纵帆船，命名为"夏洛特号"，该船于当年秋天首航，此后由德弗瑞斯特任船长，往返于北方和南方。

1816年夏季，范德比尔特做起了鲱鱼生意，还将南方盛产的水果运回纽约。

1817年，德弗瑞斯特辞去"夏洛特号"船长的职务，转去里士满航运公司，担任蒸汽船"鹦鹉螺号"的船长。德弗瑞斯特的离去对范德比尔特影响很大，他开始关注蒸汽船。

1818年2月，托马斯·吉本斯建造了"耗子号"蒸汽船，他邀请范德比尔特来担任船长。双方于6月26日签订雇佣合同，范德比尔特随即将自己的帆船全部出售，正式涉足蒸汽船领域。范德比尔特劝说吉本斯建造更大的船，随后，"贝娄纳号"建成了。

1819年，范德比尔特以吉本斯做后盾，向约翰·利文斯顿以及奥格登的蒸汽船垄断地位发起挑战，因此赢得了"海上罗宾汉"的称号。12月，吉本斯给律师韦伯斯特写信，希望他能在打破垄断的诉案中助自己一臂之力。

1820年1月，范德比尔特作为吉本斯的特使前往华盛顿，与韦伯斯特面谈事宜，由此开始了两个人数十年的友谊。

1824年春天，范德比尔特为吉本斯设计了一艘更大更先进的轮船，取名"大蓟号"，范德比尔特任"大蓟号"的船长。

1825年3月，美国最高法院宣布判决，吉本斯胜诉，蒸汽船航运自由竞争的时代来临。同年，换乘运输公司挑战吉本斯的联合交通公司，范德比尔特采用策略，使换乘运输公司损失惨重。

1826年5月，吉本斯去世，联合交通公司由他的儿子威廉·吉本斯接管，范德比尔特希望可以用低廉的价格购得公司的一部分股权，所以选择继续为威廉工作。

1828年，威廉将公司股权公开出售，范德比尔特的希望破灭，于是提出了辞呈。12月，范德比尔特离开工作岗位，举家迁往曼哈顿。

1829年初春，范德比尔特委托建造"公民号"蒸汽船。6月，联合交通公司经营不善，威廉将全部家当出售，其中"翡翠号""贝娄纳号"被范德比尔特买来，以三艘船为基础，范德比尔特成立了"速遣运输公司"。联合交通公司则由史迪文接手。

1830年，范德比尔特与史迪文的价格战打了整整一年，史迪文屈服，双方订立协约，史迪文向范德比尔特提供经济补偿。

1831年夏天，范德比尔特建造"灰姑娘号"。8月，丹尼尔·德鲁与詹姆斯·史密斯联合起来与范德比尔特竞争，价格战打响。

1832年，德鲁和史密斯难以支撑，将自己的船卖给范德比尔特。5月，范德比尔特的"威斯彻斯特号"下水航行，由此揭开了他与哈德逊河蒸汽船协会的航运竞争。

1833年，范德比尔特建造"合作号"，该船与"威斯彻斯特号"并肩作战。11月8日，范德比尔特因火车事故受了很重的伤。

1834年初，虽然还处于康复期，范德比尔特仍然制定了新的竞争计划。同时，他将自己的资产整合，成立了"人民运输公司"。12月，哈德逊河蒸汽船协会主动妥协并达成了协议。

1835年，范德比尔特涉足纽约至普罗威登斯航线，由他的新型轮船"来克星顿号"负责该航线，并与格林内尔的"波士顿和纽约交通公司"展开对抗。

1836年，格林内尔希望新建的"纳拉甘号"能够胜过范德比尔特的"来克星顿号"，结果计划失败了。

1837年，价格战使双方疲惫不堪，范德比尔特与格林内尔和解，联手抬高票价。此举引起了普罗威登斯本地商人的不满，他们成立"大西洋蒸汽船公司"参与竞争。

1838年，范德比尔特将业务重心转向史坦顿岛，并将"来克星顿号"卖给格林内尔。

1839年，范德比尔特在史坦顿岛新建的别墅竣工，举家迁回那里。这一年里，小儿子乔治·华盛顿出生。家庭医生林斯利检查出范德比尔特感染了梅毒。

1840年，范德比尔特涉足诺维奇至纽约航线。

1841年，范德比尔特的儿子威廉·亨利不顾父亲的反对，与一个牧师的女儿成婚。范德比尔特盛怒之下，勒令这对新婚夫妇经营一处农场，自给自足。

1844年，范德比尔特进入长岛铁路公司董事会。当年秋天，作为辉格党的成员，范德比尔特组织游行为辉格党总统候选人造势，游行过程中与民主党人发生冲突，范德比尔特暴打民主党人沙利文。

1846年，范德比尔特兴建格林威治别墅。

1847年初，范德比尔特与乔治竞争史东林顿至纽约航线。

1848年，范德比尔特经主要精力放在他与莫朗合营的史坦顿岛轮渡公司。

1849年，因为淘金热兴起，范德比尔特计划开通尼加拉瓜航线，他派遣大卫·怀特为特使，前往尼加拉瓜与当地政府商谈。9月，双方达成协议。

1850年10月，范德比尔特与大卫·怀特抵达英国，希望能在那里争取到贷款或者投资，结果空手而归。返回后，范德比尔特前往尼加拉瓜视察河道。

1851年1月，范德比尔特指挥"部长号"由圣胡安河进入尼加拉瓜湖，完成了圣胡安河192千米的行程，创造了前所未有的纪录。7月，尼加拉瓜航线正式运营。

1852年，为了进一步完善航运河道，范德比尔特派出代表访问伦敦的大银行，希望能得到投资，再次无功而返。一个月后，范德比尔特辞去附属运输公司总裁职务。

1853年2月，因为公司董事的挽留和许以丰厚的酬劳，范德比尔特重新回到附属运输公司董事会，但拒绝再担任总裁一职。5月20日，范德比尔特开始环游欧洲。9月23日回到纽约，范德比尔特成为首位完成欧洲环游的美国人。摩根和加里森两个人趁着范德比尔特不在的几个月里，控制了附属运输公司。

1854年1月22日，范德比尔特的母亲菲碧与世长辞。2月，范德比尔特与蒸汽船运营商爱德华·密尔斯结为盟友，开展东部至西部航运，与摩根和加里森对抗。

1855年春天，范德比尔特使用非常手段沉重打击了摩根和加里森。年末，范德比尔特重新控制了附属运输公司。

1856年2月，盘踞在尼加拉瓜的武装首领沃克在摩根和加里森的鼓动下，宣布取消范德比尔特的尼加拉瓜航运许可权。初秋，因为无法进入尼加拉瓜水道，范德比尔特便剑走偏锋，与承运棉花业务的摩根竞争货运，摩根疲惫不堪。

1857年，沃克武装被哥斯达黎加军队击败，到了年底，失去了靠山的摩根和加里森向范德比尔特彻底屈服，并达成一系列协议。

1858年，范德比尔特的大西洋国际航运都做得有声有色。

1859年，范德比尔特涉足巴拿马航线，与阿斯宾沃的太平洋邮政公司打起价格战，最后双方甚至亏本航运。

1860年初，范德比尔特与阿斯宾沃和解，并确立了互赢的格局。范德比尔特的总资产达到两千万美金。

1861年，南北战争爆发，范德比尔特向联邦政府提供租船服务，收取高额租金。

1862年，范德比尔特应联邦政府的邀请，改装了一艘大型船只，准备击沉南方邦联的军舰"梅利迈克号"，结果南方军自沉了军舰，战斗并未发生。

1863年，范德比尔特将全部精力转向铁路，第一次哈林股票大战爆发，范德比尔特大胜，并掌控了哈林铁路。12月，他的小儿子乔治·华盛顿病亡。

1864年春天，丹尼尔·德鲁纠结市议员，掀起了第二次哈林股票大战，范德比尔特再次大获全胜。随后，范德比尔特让儿子威廉·亨利担任哈林铁路公司总裁。

1865年，范德比尔特接管哈德逊河铁路公司，担任总裁。随后，哈林铁路公司与哈德逊河铁路公司合并，由威廉·亨利具体管理。

1867年11月，范德比尔特接管纽约中央铁路公司，至此，范德比尔特终于实现了三条铁路联运的构想。

1868年，范德比尔特试图再次以股票大战的手段控制伊利铁路，结果损失惨重。夏天，范德比尔特去萨拉托加度假疗养。八月，妻子索菲亚病逝。

1869年，哈林铁路、哈德逊河铁路、纽约中央铁路合并成立了一家新公司，即纽约中央与哈德逊河铁路公司。8月21日，范德比尔特娶了第二位妻子弗兰克。11月，举行了范德比尔特的铜像揭幕仪式。

1870年9月末，在妻子弗兰克的请求下，范德比尔特购买了位于莫赛大街上的一处荒废的教堂，并把它送给丹姆斯牧师使用。

1871年，范德比尔特投巨资建设中央火车站，仅候车室的面积就有两公顷，采用玻璃穹顶，风格非常华美。

1873年5月，范德比尔特出资五十万美元，帮助建设"卫理公会中央大学"，没过多久，中央大学理事会通过决议，以范德比尔特的名字命名该大学。

1875年，范德比尔特的梅毒已经发展到晚期。

1876年4月起，范德比尔特没有出过房子，甚至没有下过楼。

1877年1月4日，范德比尔特去世。随后，归葬于史坦顿岛上的范德比尔特家族墓地。